結局これが一番やせる！

努力0.1%ダイエット

パーソナルトレーナー 片倉岳人

KADOKAWA

どうも、ダイエット中の喋るキウイです。

本が出ました。驚きましたか?

でも多分、僕が一番びっくりしていると思います。

出版のお話をいただいたときは驚きのあまり、なかなか信じることができず、もしや出版費用と称してお金を払わせる気なんじゃないかとさえ思ったりもしました。

でも、まったくそんなことはありませんでした。

KADOKAWAさん、ごめんなさい。


せっかく本を出すのなら、僕個人のエッセイではなく、実用的なダイエット本を作りたいと思いました。

どうせなら読んで「終わり」ではなく、読んで「変わる」。

はじめに

「なんだか楽しそうだからやってみたい！」と、自然と皆さんがダイエットを始めたくなる本にしたいと考えたのです。

この本では、基本的な食事のコントロールや運動のポイントはもちろん、心と体を健やかに保つコツにも触れています。
ダイエットに対して不安や苦手意識をお持ちの方に、少しでも気軽に取り組んでいただけるよう、実体験を元にしたアドバイスやモチベーションの保ち方も紹介しています。

この本が「ダイエットって、思ったほど難しくないかも」と感じるきっかけになり、あなたの日常に少しでも前向きな変化をもたらすことができたら、あなたの心のプロテインになったら、とても嬉しいです。

片倉岳人

PART 1

MEAL

食生活で意識すること

PART 2

EXERCISE & MIND

運動の話とマインドの持ち方

contents

アートディレクション 柴田ユウスケ(soda design)
ブックデザイン 吉本穂花、なんとうももか(soda design)
撮影 島本絵梨佳
スタイリング 細井美波(P42〜49)
イラスト ニシモトタクミ
DTP ニッタプリントサービス
校正 文字工房燦光
制作協力 前岡亜美(株式会社BitStar)
編集協力 弓削桃代
編集 今野晃子(KADOKAWA)

※本書に掲載されている情報は、2025年3月現在のものです。掲載内容は予告なく変更される場合がありますので、最新情報は各公式サイト等をご確認ください。

PROLOGUE

ダイエットの鉄則は体重の増減にとらわれないこと。見た目の変化を大事にする

厳しく突き詰めることが ダイエットの正解ではない

この本をきっかけに初めて僕のことを知ってくださった方もいると思います。まずはじめに、簡単に今までの経歴を説明すると、もともと僕は都内のジムに勤めるパーソナルトレーナーでした。**トレーナーの仕事の一環としてYouTubeで「片倉岳人／ダイエットの知恵袋」というチャンネルをスタートすることになった**んです。始めてみると自分自身も楽しく、あっという間に今年の春でまる6年が経ちました。

現在はジムには所属していませんが、小規模にパーソナルトレーナーとしても活動しつつ、チャンネルを運営しています。YouTubeを始めた当初は、とにかくダイエットの結果重視という意識が強かったですね。カロリーを抑えれば絶対痩せるんだから、それ（＝方法）に人が合わせるべきだと思っていました。**トレーナーにありがちなのですが、かなり厳しめな思考だった**なと我ながら思います。でもそれはそれで、ダイエットにストイックな方達には刺さるので、自分のやり方に改善点があるとは思っていなかったんです。でも、徐々に再生回数が伸び悩んできて、正しさを突き付けるだけでは多くの人には響かない、やっぱり自分を変えていくことが必要なのかもしれないと思うようになりました。YouTubeを通して視聴者さんと交流していくうちに、自分の中での**ダイエットの考え方に変化が出てきました。ちなみに、僕の場合、ダイエットの考え方の変化は髪型の変化と連動**しているので、ここで僕のトレーナーヒストリーをヘアスタイルとともに紹介します。

HAIRSTYLE HISTORY

MYトレーナーヒストリー

長髪時代

2019年の4月1日にYouTubeチャンネルを開設し、ストイックにダイエットメソッドをレクチャーしていた時期。「痩せたいなら、ジムに行くのが正解！」と、一方的に正論を伝えるのみ。自分自身も食事管理を厳しく設定し、友人と外食に行くこともなかった。

黒髪ショートヘア時代

ストイックな時期は友人との交流もあまりなかったため、孤独期でもあった。そんな時期を経て2020年後半から徐々にストイックさがゆるやかになっていく。YouTubeでは、人気シリーズ「問題ないです！」の前身をスタートさせる。

金髪時代

2020年から始まったゆるやかな思考変化は、2021年に入っても続き、シフトチェンジしていく。YouTubeでの生配信により、現在のダイエットの思考の礎が築かれる。自分自身もジムの滞在時間や行く回数が減っていった。

現在は坊主に

2021年7月ごろに坊主にし、現在に至る。適度に筋トレをして、食事もつらくない程度に気をつけることで、自分にとって程よい体形をキープできるように。YouTubeの動画スタイルが変わっていくにつれて、視聴者層も変化。無理せずできるダイエット法が広がっていく。

自分の生活に無理なく取り入れられるダイエットを目指す

自分自身でも感じたのは、**生活を犠牲にしてまでやるダイエットって幸福度があまり高くない**ということ。人間関係に支障をきたすくらいの食事制限や運動を取り入れると、身体的にもメンタル的にも不健康になりやすかったりします。そこで僕が大切だと思ったのは、**体重ではなく見た目を重視する**こと。体重の増減にとらわれすぎず、見た目の変化を大事にすることが、実は一番の要なんじゃないかと思うようになったんです。目標体重をゴールにするのではなく、あくまで見た目を重視する。なぜなら、体重を気にして痩せた人は、痩せた後もずっとそれを気にしてしまうから。でも体形の変化に着目してダイエットをした人は、**体形が崩れなければメンタルは保たれるから、安定しやすいんです**。体重は数字ではっきりと出てしまう上、変動しやすいもの。痩せた後の生活を考えると、「体重縛り」って実はけっこう厳しいやり方なんです。

体重ではなく、ビジュアルを意識する

世の中には、「シンデレラ体重は○kg」、「BMI20以下がいい」といった情報が溢れていて、そういったまことしやかな言葉に振り回されてしまう人も多いんじゃないでしょうか。僕としては、天気予報レベルで気にすることができるなら体重を測ってもいいけれど、強く意識すべきことではないですね。「あ、今日○kgか。まぁそういう日もあるよね」ぐらいに受け取れるならいいと思います。みんなダイエットをして体重を落とすことを考えがちだけど、重要なのは、その後の生活でも継続できて、健康的に過ごせるか。**ダイエットは、受験勉強みたいに終わりがあるわけではないので、いかに体形をキープしていけるかが大事**になってきます。僕のYouTubeチャンネルのメンバーシップに入会してくださる方には、身長や体重などのデータをお聞きして、BMIの計算をしているのですが、女性の多くは、BMI23くらい。これは標準値です。だからスター

トの時点で、すでに太っているわけではない。標準値から痩せるのは意外に難しいので、挫折してしまう人も多いのかなと思っています。太っているわけではないのに、太っていると思い込んでいる人はたくさんいるので、まずはその思い込みをなくしてもらうことが第一歩ですね。

日常的にできる運動として、散歩が最適

ただ、軽い運動をすることはおすすめしています。**同じ体重であっても、運動しているかどうかで体の引き締まり方が違ってきます**。体重を気にするくらいなら、ぽっこりしたお腹の見た目のほうを気にする。そして、引き締めるために運動をしましょう、というのが僕の考え。運動といっても、絶対にジムに行かないとダメというわけではありません。もちろんジムで筋トレできるのならそれが理想ですが、それが難しい人もいるでしょうし、先ほどもお話しした通り、**ダイエットは継続できるものが良いので、日常的にできる運動がベスト。僕がよくおすすめしているのは、歩数稼ぎ＝散歩です**。ジムに行くよりお金がかからず、隙間時間でできます。夕飯の買い出しやウインドウショッピング、テーマパークに行くのだって、遊びに行ってはいるけど、ダイエットもできて一石二鳥じゃない？という思考。その人のライフスタイルに合う、歩数稼ぎを行えばいいと思っています。雪国に住んでいる方だったら、家でステッパーを踏むのでもいいです。ランニングなど、一般的

に〝運動〟と聞いて想像するようなことはしなくても、散歩したり、遊びに行ったり、家事をするだけでも十分にカロリーは消費できるものです。わざわざジムに行くのではなく、自分が好きな動きや、日常的に無理なくできるものを続けて行うというのが大切ですね。

汎用性の高いダイエット法が「片倉式」

僕も昔、ダイエットをしたいならジムに行けばいいと思っていました。マリー・アントワネットが言ったとされる「パンがなければケーキを食べたらいいんじゃない？」という言葉のごとく、「痩せたいなら、ジムに行けばいいんじゃない？」と思っていた時期があります。でも、YouTubeを始めて、いろんな視聴者さんと交流を持つことで、一人ひとり、状況や価値観が異なるということがわかってきました。毎日通勤して仕事に行っている人や小さいお子さんを育てているママさんにとっては、ジムに行くことはなかなか難易度が高い。それに気づき、ダイエットの方法をただ押し付けるのではなく、人に方法を合わせるべきだと思ったんですね。僕が提示した方法をすべての人が実践するのは、限界があるということがわかってきたんです。それで、その人に合う方法を提案するということを意識し始めました。**ダイエットをする上で大事な大枠はいくつか提案するけれど、そこに沿っていれば、あとは自分でやりやすいようにアレンジしてもらってOK**。ハードな筋トレや、制限のある食事法などが必要とは思っていません。あくまで自分が心地よく、暮らしの中で取り入れやすいものを行い、継続することができたら、きっとダイエットは大成功します。

PART
1

食生活で意識すること

MEAL

食事の努力0.1%

食事は生きていく上で大切な要素

なるべく**前向きに**

続けられるものを！

厳しい食事制限ではなく一歩一歩進めることが成功の秘訣

食事に限らず一番気にしてほしいのは、これから僕が説明することを全部やろうとしなくても大丈夫ということ。摂取カロリーを抑えてタンパク質を摂ること、自分の中で「スタメン食」を作ること、食事を記録すること。などなど、ダイエットを行う上で、僕が大切だなと思うことを紹介していきますが、これらすべてをやって合格、というわけではありません。自分がやりやすいものを実践できたら、そこで加点するようなイメージ。食事をするときにカロリーを気にするだけでもいいと思います。何かひとつでも取り入れてみたら、効果は必ずある。まずこれを忘れずにいてほしいですね。

すべてをやりきることは大変
何かひとつでも始められれば、
それでOK

正直、最初からすべてをやろうとするとキツいと思います。中には、それでダイエットを挫折してしまう人もいるかもしれない。効率的に体重を落とすには、食事の摂取カロリーを管理することが大事になってきますが、はじめは厳密に計算するのではなく、脂っぽいものを控えようとか、ダイエット食材を試してみようというくらいでOK。とりあえず食事管理に関する意識を持つ。そしてできることから始めて、徐々に増やしていくのが無理なく続けられるコツだと思っています。

たとえば、オンラインゲームでも最初からスキルを全部つけられないですよね。続けていればどちらにせよやれることは増えていくので、一気に全部やろうとせず、一歩一歩取り組んでいきましょう。

ダイエットを
始めようと思ったら
自分の中でハードルの
低いことからやってみる

Basic knowledge No. 1

meal

PFCの知識を身につける

食事管理で大切なのは、**PFCバランスを意識すること**。Pはプロテイン（タンパク質）、Fはファット（脂質）、Cはカーボハイドレート（炭水化物）の意味です。バランスとしては、**タンパク質が体重×2gくらいの量**。**脂質は1日の摂取カロリーの20〜30％くらいが目安なので、大体30〜60g程度**。炭水化物は、タンパク質と脂質を摂った後の余りで摂るイメージです。僕の考えでは、摂取カロリーとタンパク質に気を付ければいいと思っているので、脂質もそんなに気にしなくていいでしょう。ダイエットというより、健康に気を使いたいなら脂質にも気を付けることをおすすめします。

ＰＦＣバランスは、僕のYouTubeのメンバーシップに登録していただいている方には、最初にご本人のデータをもらって、計算してお伝えしています。ですが、一般の方が計算するのは難しいと思うので、まずは**食事記録をつけることから始めましょう**。たとえば1日の食事を記録してみて、総摂取カロリーが2000キロカロリーだった。それだと体重が変わらな

P
Protein
タンパク質

F
Fat
脂質

C
Carbohydrate
炭水化物

いというなら、１８００キロカロリーにしてみる。それで様子を見て体重が落ちているなら、１８００キロカロリーのまま食事量をキープ。もし落ちなかったら１６００キロカロリーにしてみる、といった具合です。食事記録を取るとなると、カロリーを欠かさずチェックしたり、カロリーが表示されている食品を食べたりしないといけないのかと思うかもしれませんが、まずはできる範囲でやるぐらいでＯＫです。また、毎日カロリー管理をするのが大変という場合は、平日週５日はがんばって土日はゆるくするとか、朝・昼だけ食事記録を取るでも大丈夫。部分的に行うのでも、効果は期待できると思います。

Basic knowledge No. 2

meal

スタメン食を作る

食事面で大切にしたいことは、**普段の自分の食事をある程度固定すること**。自分が摂るべき1日のタンパク質量と、1日の総摂取カロリーを踏まえて、毎日の食事メニューを決めてしまうと、あとはそれを食べ続ければいいので、楽ちんです。その人によって食の好みもあるので、ベストなメニューを考えてみましょう。一見、ハードルが高そうに思われるかもしれませんが、たとえば朝食を振り返ってみると、トーストに卵、サラダにヨーグルトなど、大体決まっていませんか？　毎日同じメニューを食べることってそこまで大変じゃないはずです。

ただ、完全に同じだとさすがに飽きてしまうと思うので、**家事や出かける準備でバタバタしやすい朝や、何を食べようか考えるのが面倒になりがちなランチのみ固定にして、夜は自由にする**といったやり方でもいいと思います。カロリー管理された食事をただ摂るだけでダイエットになると思うと、手軽ですよね。スタメン食を決めると、食事記録も取りやすくなります。

MYスタメン食

BASE BREAD

プロテイン

グミ

高タンパク質ヨーグルト

サラダチキン

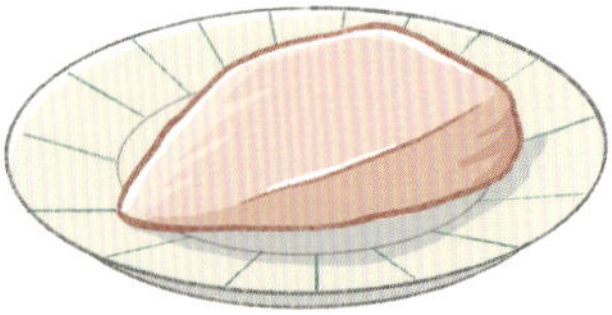

僕が“愛食”している、スタメン食をご紹介します。基本的には低カロリーかつ高タンパク質のものが多いですね。1食に必要な栄養をバランスよく摂れるBASE BREADとプロテインをセットにして、よくランチにしています。ヨーグルトは高タンパク質のギリシャヨーグルトが推し。自宅でよく作るサラダチキンは、冷蔵庫のスタメンです。グミは噛みごたえのあるハード系がおすすめ。満足感を得られます。

Basic knowledge No. 3

meal

スタメン食を飽きずに続けられるコツ

スタメン食を続けるコツは、先ほども挙げたように1日3食すべてを固定しないことですね。**朝・昼のみ固定**にして、夜はその日食べたい食事を摂り、メリハリをつけるというのがまずひとつ。それから、調味料を変えるなど、**味変**をする。僕も大好きな高タンパク質のギリシャヨーグルトは、ジャムを入れたり、はちみつを加えたりして楽しんでいます。あとは、**添え物を変える**というのもポイント。たとえば、僕はよくサラダチキンを食べるのですが、そのままで食べることもあれば、パスタや冷麺の上にのせて食べることもあります。あとは、カップラーメンやカップ焼きそばにトッピングとして入れることも。「ダイエット中にカップラーメンってどうなの？」と思われるかもしれませんが、サラダチキンでタンパク質を摂れているしOKという、ゆるい考えのもと食べています。食事を固定するといいつつも、**アレンジをしながら食事を楽しむ**ことが長続きするテクニックです。

1 week 食事日記

1day

パルテノ＋はちみつ

個人的に一番おいしいと思っているギリシャヨーグルトが「パルテノ」。その濃厚さはまるでチーズケーキで、好きすぎて1日に1～2パックは食べています。

2day

ひき肉カレー

牛・豚の代わりに鶏むね肉をひき肉状態にして使います。高タンパク質でとても美味。一度作れば数日間は食べられるので、夕食を考えるのが面倒なときに助かります。

3day

冷麺

低温調理器で作るサラダチキンをのせて夕食に食べています。サラダチキンは単品で食べると飽きやすいので、パスタやサラダのトッピングとして使うのがおすすめ。

4day

朝マック

「マックグリドル」が大好きで、定期的に食べたくなります。マクドナルドは栄養成分を公開しているので、カロリー計算も楽ちん。ダイエット中でも気にせず食べに行きます。

5day

ベースヌードル+プロテイン

「ベースヌードル」はカップ焼きそばなのに約300キロカロリーと超低カロリー。ダイエット中のジャンク欲を満たしてくれるので昼食で食べています。

6day

プロテイントースト

ただのトーストだとタンパク質が摂れないので、ギリシャヨーグルトを塗るようにして朝食に。さらにジャムも意外と低カロリーなので、普通に使って問題ありません。

7day

プロテイン＋カヌレ

間食でスイーツを食べるときはセットでプロテインも買うようにしています。それだけで“ダイエットがんばっている感”があるし、罪悪感がだいぶ薄れます（笑）。

Basic knowledge No. 4

meal

体重よりも、体脂肪を落とすことが大事

ダイエットを始めようとしている人は、まず「体重を落としたい」と思っている人が大半だと思います。ですが、いざスタートしてみると、体重はすぐには落ちないもの。でもそれで大丈夫、まったく問題ありません。一気に体重を落とすと脂肪と一緒に筋肉も落ちて逆に体が引き締まりづらくなるので、むしろ少しずつ落とすことを心がけてください。みんな急なカーブを描くようにガクッと減ることを想像していると思いますが、ゆるやかなカーブが理想なんです。それが無理をして痩せているのではなく、順調に痩せているという状態です。

このあとの運動の章でもくわしく説明しますが、体重がゆるやかに減り、すっきりとした体形に変化していくためには、適度な運動が必須です。筋トレはわかりやすく変化が出るのでお

体重はゆるやかに減らすこと

すすめですが、苦手な場合は、軽い有酸素運動でもいいと思います。体形に変化の出るスピードは筋トレよりやや遅いですが、運動をしていない人と比べると、その差は歴然。あと、運動不足だと、脚とお腹の脂肪がすごく落ちづらいんですね。スキニーファットといわれるんですが、四肢は細いけどお腹だけ脂肪がついているタイプは、典型的な運動不足なんです。そうなると、**体重は問題ないけど、スタイルよくは見えない**。この状態だと、ダイエットの達成感はあまり感じられないと思います。体重よりも体形（＝体脂肪）を整えることを考えてみましょう。カロリー管理、タンパク質の摂取、無理なく続けられる運動。基本をしっかり押さえることが近道になります。

Basic knowledge No. 5

カロリーを抑えてタンパク質を摂る

meal

ＰＦＣの話でも触れたように、**タンパク質を摂ること**は優先的に考えたほうがいいと思います。それから、１日の総摂取カロリーを確認して、自分の体重が落ちるのはカロリーをどれくらい摂取したときかを把握すること。

タンパク質を摂るのが大事な理由は、**筋肉量を維持し、体を引き締めやすくするため**です。さらに摂ったほうがいい理由のひとつに、**食欲が安定する**というのがあります。タンパク質が含まれる食品は、肉や魚だったり比較的よく噛んで食べるものが多いんです。咀嚼をしっかりすることになるので、満腹になりやすい。これでドカ食いを抑えられます。

サラダチキンをすすめるのも、こういった理由ですね。低カ

食事の記録は なるべくサボらないように

ロリーで高タンパク質。大量に食べなくてもタンパク質を摂取でき、噛んで食べるということもあり、「食事をした」という満足感を得やすい。僕は鶏むね肉を買ってきて自家製サラダチキンをよく作ります。自宅に低温調理器があるので、じっくりと加熱して作るんですが、鶏むね肉1枚に大体タンパク質が60gくらい含まれています。これを1日3食で食べきる。男性だったらプラスで少しタンパク質が必要ですが、女性ならほぼ目標量はクリアできるんじゃないかなと思います。

そして、タンパク質を摂ることとあわせて、**カロリーを抑えることも念頭に置きましょう**。カロリー管理をするためには、先ほども話した通り、記録することから始めるのがいいと思います。最近だと、「あすけんダイエット」や「カロミル」などのカロリー管理アプリもあるので、活用を。毎日じゃなくてもいいので、摂取カロリーの記録を取る習慣を身につけていきましょう。

Basic knowledge No. 6

meal

日中にタンパク質を多めに摂る

1日に摂るべきタンパク質量は、自分の体重×2g。これを多いと感じる人もいると思います。炭水化物はごはんやパンといった主食に含まれるので、比較的摂りやすい。でも、肉や魚に多く含まれるタンパク質は大量には摂りづらい人もいるでしょう。コツは、**1日の目安量のうち、朝・昼の食事であらかたタンパク質を摂ってしまうこと**。夜まで残してしまうと摂取しきれなくなることがあります。だから、日中にタンパク質を摂るというのは意識したほうがいいのです。

たとえば朝ごはんは納豆・卵を固定で食べるようにする、お弁当にはサラダチキンやツナ缶を入れるようにする、コンビニでは主食とセットでプロテインを買うようにする、外食では魚料理を選ぶようにする、といった感じですね。こうやって普段

プロテインドリンクで手軽にタンパク質をチャージ

からタンパク質を摂ることを頭に入れておくと、1日の目安量をクリアしやすくなると思います。

また、夜の食事量を減らすと空腹が気になって寝られなくなる人もいるので、そのあたりは自分に合う方法でコントロールしていきましょう。日中の食事は軽めに抑えて、夜にタンパク質も含めてしっかり食事を摂るのでも大丈夫。あまり、「絶対コレ」と決めつけず、自分のやりやすい食事法で挑戦してみるのがいいと思います。ダイエットをする上で食事はかなり重要ですが、**楽しんで食事をすること**が何より大事。タンパク質の摂り方も自分流に調整をして、継続していきましょう。

PLUS ONE

+1 technique

by Gakuto Katakura

ダイエット中に大事にしておきたい
食生活の基本を押さえたら、
＋αで取り入れたいテクニックもチェック。
こちらも自分がやれそうなところから
トライしてみましょう。

その1
ハリをぎない

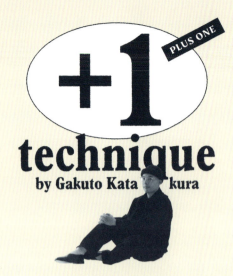

メリ
作りす

より効果的にダイエットをしたいなら、**極端なことはしないほうがいい**です。食べる日と食べない日を作るのもよくないですね。なぜなら極端に食事量を減らして痩せるというのは、苦しみを伴いながら痩せるということ。それより、**一気に痩せないけど少しずつでも痩せていく**という経験をしたほうが、ダイエットに立ち向かいやすくなるはずです。固形の食べ物を一定期間摂取しないファスティングは、食べたくても「我慢しなきゃ」の連続になるので、つらくなってしまう。そこまで苦じゃないというならトライしてもいいですが、難しく感じる人は多いんじゃないでしょうか。

断食やファスティングを1日やってみても、そこまで効果はないんですよね。厳密には脂肪が落ちているわけではないから。「旅行に行って3kg太ってしまった。だから1日断食して3kg落とした」という場合でも、実際は水分が抜かれただけで脂肪が3kg落ちているわけではありません。つまり、太ったままの状態なんです。でも、体重の変化だけ見て「痩せた」と勘違いしてしまう。**勘違いをして自分にまた甘くなってしまう**くらいなら、断食やファスティングといった、極端なメリハリはつけすぎないほうがいいと思います。

その2 食事をしっかり摂って

+1
technique
by Gakuto Kata kura

1日の摂取カロリーを減らそうと思って食事量を減らしすぎたら、結局小腹が空いてチョコレートを食べてしまう。でも、チョコレートはそんなにお腹が満たされるものではないから、ちょこちょこ食べてしまい、トータルの摂取カロリーが増えてしまう。こういう負のループって起こりがちなんですよね。一方でメインの食事をしっかり食べると、逆に間食ができなくなります。これだけでお腹が満たされるから、摂取カロリーを減らしやすいんです。

重要なのは、「何を食べないか」ではなく、「何を食べるか」を決めること。スタメン食を推奨しているのも同じ理論で、自分のスタメン食を決めてそれを「食べる」。食べないものを決めるより、食べるものを決めてダイエットをスタートするほうが気

間食を控える

持ち的に楽ですよね。ダイエットだと、低カロリーかつ高タンパク質のものが望ましいので、そういう食品の中から、自分の食べやすいものや好きなものを選んで食べるようにすると、スムーズだと思います。

強制的に食べないようにするより、「ダイエットが楽しいから食べない」「食事に気をつけよう」というふうに思えることが理想。食べたいものを我慢してしまうとそんな心境にはなれません。そのストレスをなくすために、食べるものを決めて、間食ではなく食事量を増やしていく流れがいいかなと思いますね。

ダイエットの始まりは

+1 technique その3
by Gakuto Kata kura

今までの話にも通じるのですが、ダイエットを始めようと思って、お菓子は食べない、お酒は飲まないと断ち切ろうとするとストレスになってしまうので、おすすめしていません。そういうときは、コーヒーに砂糖を入れていた人はブラックに、ビールが好きな人は、ノンアルコールビールや炭酸水にするなど、代わりの食品を考えてみるのがいいと思います。やめる＝ゼロにするこ

お菓子から減らす！

とは覚悟が必要ですが、代替品を用意すれば、だいぶ取り入れやすくなると思うんです。

代わりの食品を考えるのは大事。恋愛と同じで、その人しかいないと思い詰めるとしんどくなってしまいますよね。そんなときはちょっと視野を広げてみる。甘いものが食べたいとかアルコールを飲みたいとか、そういうジャンクな欲望を満たしてくれるものって、いろいろあると思います。だから、自分好みの食品で**ダイエット向きのものを探して、スイッチしていく**のがいいでしょう。

〇〇〇て痩せる

YouTubeの生配信をしていると、視聴者の方といろんな会話をするようになります。話を聞いていると、ダイエットをする上で環境も影響があるんだなと感じるようになりました。よくある環境の悩みが、好物のカップラーメンの買い置きがたくさんある、お酒のストックがある、だからつい手が伸びてしまうというもの。それなら、そういったものから距離を取るようにしたほうがいいですね。普段は目に入らない棚にしまったりして、日常的に摂らないようにコントロールしてみましょう。

仕事が忙しかったり、人間関係でストレスが溜まり、ドカ食いをしてしまったりというパターンもあると思います。でも、仕事自体はなかなか変えられない。その場合は、思い切って副業を始めてみるのもアリだと思います。悩みを抱えているときに隙間時間ができると、モヤモヤと考え込む時間が増えてしまいます。やることがあって、そこに打ち込んでいれば悩む暇もなくなるはず。副業が禁止されている会社もあると思うので、趣味に時間を使うのもいいと思います。友人に会うとか、ひとりカラオケなんかもいいですね。**ひとつのことに集中せず、分散させてあげるとストレスが軽減され**、メンタルが安定します。自然と痩せていくための第一歩になると思います。

+1
technique
by Gakuto Katakura

その4
環境を整えストレスがかからないようにする自然と

その5

外食は楽しむ！

+1
technique
by Gakuto Kata kura

過去には僕も、ダイエット期間中は摂取カロリーが気になって、友人との飲み会を断ったりしていました。でもそれを続けては友人関係が崩れるでしょうし、人生の幸福からは遠ざかってしまいます。幸せに生きるためにダイエットを始めたのに、それでは本末転倒ですよね。なので、ダイエット中でもたまには外食に行くほうがいいと思います。

ダイエット向きの外食と、楽しむための外食というのを分けて考えるのもいいですね。定食屋の魚定食ならダイエット食になるので、ひとりで行く外食に最適です。そして、友人と食べる焼肉は、カロリーは気にせず楽しむ。焼肉を食べたとしても、翌日にまたダイエット食に戻せばいいので存分に楽しんでもらいたいです。

とはいえ、楽しむ外食ばかりしていると、ダイエットのスピードは落ちてしまいます。結局自分で、どれくらいの頻度で外食を取り入れたらちょうどいいのかを、はかることが必要です。この頻度は人それぞれ。「週に2日の外食なら体重は保てるけど、それ以上はちょっと太るからやめておこう」などのペースは、自分で探りましょう。

このさじ加減は経験をしてみないとわからないことなので、手軽にできるダイエットを地道に実践しながら、探っていくしかないと思います。地道に経験を積まないと、「みんながやっているから」という理由で、断食やファスティングに走り、リバウンドを繰り返してしまう。そうならないためにも、自分が取り入れやすいダイエットを実践して、**ペースをつかんでいきましょう**。そうするとダイエットに対する苦手意識も減ると思います。

KATAKURA式

オリジナルレシピ

食事面で大事なことは、タンパク質を摂り、カロリーを抑えること。それを重視したダイエットレシピをご紹介。鶏むね肉を活用したアレンジレシピが多いので、ぜひ参考に!

※栄養データはすべて一食分です。

サラダチキン

低温調理レシピ

材料(2人前)

鶏むね肉 ……………… 1枚(300g)

塩 ……………………… 1.5g程度

作り方

1. 鶏むね肉の皮を剥いで厚さを測り、肉の厚さに応じた加熱時間を調べる。
2. 鶏むね肉を食品保存袋に入れる。
3. 低温調理器の容器に水を入れる。
4. 温度と時間を設定(今回は60℃、時間は2時間35分)。
5. 60℃に達したら2を入れ、設定時間分、入れておく。時間が経ったら袋から取り出し、塩で味付けする。

カロリー 約180kcal / タンパク質 約34g
脂質 約3g / 炭水化物 ほぼ0g

MEMO

コンビニで売っているサラダチキンだとパサつきが気になり、自分で作ろうと思ったのがきっかけ。低温調理器で作るとしっとりして食べやすいんです。 鶏むね肉1枚を3等分に切り分けておき、1日3食で食べ切るとタンパク質を効率よく摂取できてグッド。低温調理器に鶏むね肉を入れるときは、食品保存袋の封を締め切らずに水の中に沈めると、水圧で密閉されて仕上がりがよくなります。

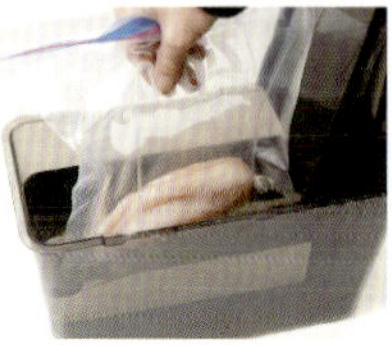

鶏梅ポン酢サラダ

材料（2人前）

鶏むね肉	1枚（300g）
塩	1.5g程度
大葉	10枚
梅干し	4個
ポン酢	大さじ4
サラダ油	大さじ2

作り方

1. 42ページの通りにサラダチキンを作る。
2. 種を取り出した梅干しを包丁の背で叩く。つぶした梅肉はボウルに移す。
3. 2のボウルにポン酢、サラダ油を入れてかき混ぜる。
4. 大葉の茎を切って、横半分に切り、半分に切った同士を重ねてクルクルとまとめて細切りにする。切った大葉を3のボウルに入れて合える。サラダチキンを手で裂いて入れ混ぜ合わせる。
5. 器に盛り付けて完成。好みで千切りしたミョウガを加えてもOK。

カロリー 約350kcal / タンパク質 約37g
脂質 約17g / 炭水化物 約8g

MEMO

サラダチキンのアレンジレシピとしてよく作ります。サラダチキンは食べやすい大きさに裂いておくと、プリッとした食感が残っておいしいです。タレを作ってからサラダチキンを入れて混ぜると、絡みやすくなり、味がまんべんなくなじむのでおすすめです。

低温調理レシピ

トマトとサラダチキンの冷製パスタ

材料(1人前)

パスタ(カッペリーニ)……………100g
鶏むねサラダチキン……1/2枚(150g)
トマト…………………………3個
塩………………………………1.5g
ニンニク…………………ひとかけ

作り方

1. トマトは皮ごとすりおろす。
2. ニンニクはすりおろしてボウルに入れ、トマト、塩を加えて合わせておく。
3. 2にサラダチキンをほぐして入れ、混ぜ合わせる。
4. 鍋に水を入れて沸騰させたら、塩(分量外)を加えパスタを規定時間通り茹でる。
5. 茹で上がったパスタを冷水で冷やし、しっかり水切りする。
6. パスタを皿に盛り付け、3のトマトソースをかける。

カロリー 約600kcal / タンパク質 約50g
脂質 約4g / 炭水化物 約93g

1

5

MEMO

こちらもサラダチキンを使ったアレンジです。ポイントはトマトとニンニクをすりおろすこと。すりおろすことでなじみやすくなり、食べたときの舌触りもよくなります。パスタはカッペリーニなどの冷製用を選ぶのがコツ。茹で上がったら水でさらし、手で押してしっかり水切りするのも忘れずに。ソースが水っぽくなりやすいので、水切りは必須です。

お手軽
レシピ

プロテイン
トースト

材料（1人前）

食パン（8枚切り）……………………1枚
ギリシャヨーグルト ……………60g
（高タンパク質ヨーグルト）
ブルーベリージャム ……………適量

作り方

1. 食パンを焼く。
2. ヨーグルトをパンの上にぬる。
3. 2の上にブルーベリージャムをぬって完成。

カロリー 約200kcal / タンパク質 約11g
脂質 約2g / 炭水化物 約34g

MEMO

朝から手間のかかるレシピだと、だんだんと億劫になってきて、いつのまにか作らなくなってしまうもの。なので、朝はなるべくサボるのが鉄則。さっとできてパッと食べられるメニューがベストだと思います。ポイントは、高タンパク質のギリシャヨーグルトを選ぶこと。ジャムは何種類か用意しておくと味変できて継続しやすいです。

フードプロセッサーレシピ

鶏むねひき肉のつくね

材料（2人前）

鶏むね肉 ……1枚（300g）
大葉 ……………… 5枚
玉ねぎ ………… 1/2個
卵 ………………… 1個
ごま油 ………… 大さじ1
ポン酢 ……………… 適量

作り方

1. 鶏むね肉、大葉、玉ねぎ、卵をフードプロセッサーに入れて混ぜる。
2. フライパンにごま油を熱し、1をスプーンで丸めながらフライパンに並べる。
3. 中火で焼き目がついたらひっくり返し、弱火で加熱する。火が通ったら器に盛り付けて完成。ポン酢をつけて食べる。

MEMO

鶏むねつくねは、材料をすべてまとめてフードプロセッサーに入れるだけで、タネが出来上がるのでお手軽。卵を入れるとふんわり仕上がるのでぜひお試しを。ポン酢で食べるのがヘルシーですが、タレで味変も可能。1回作って冷凍保存しておけば、いろいろ使い回しできるのもいいところですね。冬場は鍋に入れてもおいしいです。

カロリー 約270kcal / タンパク質 約39g
脂質 約11.5g / 炭水化物 約4.5g

フード
プロセッサー
レシピ

鶏むねひき肉のキーマカレー

材料(3-4人前)

鶏むね肉 ……1枚(300g)
玉ねぎ ……1個
じゃがいも ……3個
にんじん ……1本
カレールウ
…… 市販品1/2箱(1パック)

作り方

1. 玉ねぎはスライス、じゃがいもは一口大に切る。にんじんは半分に切る。
2. フードプロセッサーで、にんじん、鶏むね肉をそれぞれ細かく刻む。
3. 鍋に油(分量外)を熱し玉ねぎ、にんじん、鶏むね肉を炒める。鶏むね肉は木べらなどで叩きながら炒め、細かくほぐす。
4. 水(箱に記載の分量)を入れて沸騰したら、じゃがいもを入れて30分煮込む。火を止めてルウを入れ、さらに煮込む。

カロリー 約315kcal / タンパク質 約21g
脂質 約10g / 炭水化物 約34g

※ごはんは含まない

MEMO

市販のひき肉は皮ごと挽いているので、脂分が多いと言われています。自宅にフードプロセッサーがあるなら、鶏むね肉の皮をむいてミンチにし、自家製ひき肉を作ってみましょう。肉を炒めるときは、木べらで叩きながら炒めるとキーマカレー風に。さらにカロリーを抑えたいなら、ごはんは低カロリーの「マンナンごはん」を選んでみて。

食べるならコレ！

プロテインドリンク

コンビニなどでパッと手軽に買えるのは、「ザバス」のミルクプロテイン。僕はカフェラテ味が好きです。容量は430mlですが、濃厚すぎない軽やかな味わいで飲みやすい。タンパク質も20g入っていて、脂肪分ゼロなのも見逃せないポイントですね。

高タンパク質ヨーグルト

ギリシャヨーグルトが代表格で、僕は「オイコス」と「パルテノ」をよく食べます。どちらもタンパク質が10g以上含まれています。「オイコス」はとろみがあってさっぱり、「パルテノ」はチーズケーキのような濃厚さがありますね。

コンビニ惣菜

コンビニ惣菜でチキン系のものが食べたいなら、セブン-イレブンの「ななチキ」。揚げ衣が少ないから脂分も控えめで、カロリーを抑えられます。肉々しさを求めている人なら、多分好きだと思います。タンパク質量も十分で、とっても優秀です。

ダイエット中に外食やコンビニ品を買うなんて厳禁! と思っている人も多いかもしれませんが、実は外食チェーン店やコンビニは、栄養成分を明記していることが多く、ダイエット中でも取り入れやすいんです。ここでは僕がよく活用している、ダイエット向きの市販品&外食を紹介します!

ハード系グミ

ハード系のグミは、アゴをきちんと使って噛んで食べるので、口さみしいときのおやつにちょうどいいです。僕は酸っぱい味が好きなので、「シゲキックス」をよく食べますが、一袋で約60キロカロリー。常温保存できるので、バッグに常備しています。

BASE BREAD

僕のスタメン食にもなっている、「BASE BREAD」。タンパク質はもちろん、ビタミン、ミネラル、食物繊維なども含まれていて、これひとつで必要な栄養素を摂れるので、楽ちんですね。コンビニでも売っているし、個包装だから持ち運びできて便利です。

炭酸飲料

ゼロカロリーの炭酸飲料は、ダイエット向きなので奨励しているのですが、味がおいしいものを見つけるのが大変。セブン-イレブンの「ゼロサイダートリプル」は、サイダーの味が自然に再現されているんです。ビールが好きな人はこれを代替品にしてみては。

冷凍フルーツ

冷凍フルーツは栄養価が高いので、基本的にデザート枠として推奨です。セブン-イレブンの冷凍のブルーベリーは、水っぽくなくて粒も大きくておいしいです。1袋で100キロカロリーにも達しないので、小腹が空いたときに。

プロテイン餃子

冷凍食品なので、作るのが簡単というのもメリット。僕は塩で食べるのが好きですね。餃子ひとつで、タンパク質がけっこう摂れるのも頼りになります。そもそも餃子は、肉も野菜も入っているので、バランスのいい食品。ダイエットにも最適です。

プロテインスープ

冷たいプロテインドリンクもいいですが、温かいスープだと食欲が安定しやすい気がします。食事全般に言えることですが、食事時間が長いほうがお腹は満たされやすいんです。ゴクゴク一気に飲めない、温かい飲み物を取り入れてみましょう。

サラダチキン

コンビニでサラダチキンを買うなら、ほぐしたタイプが使い勝手がいいと思います。パスタや麺類の上にのせたり、アレンジがしやすいんです。セブン-イレブンの「ほぐしサラダチキン」は、味も自分好みだから、よく買ってアレンジ調理しています。

即席麺

ジャンクなものが食べたくなるときの救世主が、カップヌードルの「完全メシ」。特に汁なしシーフードヌードルは、栄養価が高いのに、ジャンクな味付けを実現しているのが素晴らしい。500キロカロリー以下なので、ランチや夕飯にも。

冷麺

冷麺もいろんなメーカーから出ているので、自分好みのものを探してみるのがいいと思います。僕はサラダチキンをトッピングする前提で、味のなじみやすさを重視しているので、「ふるる冷麺」という商品が好きです。カロリーも低めです。

袋麺

サラダチキンの添え物としてよく使うのが袋麺。僕は、「うまかっちゃん」という商品が好き。袋麺の中でも1袋400キロカロリー程度と、低カロリー。スーパーなどでも売っていて、手に入りやすいのも心強いです。

カフェイン入り炭酸飲料

ダイエット用のゼロカロリードリンクの中で、僕が一番おいしいと思っているのが、「ドクターペッパーダイエット」。人工甘味料のような不自然な甘さがなく、飲みやすい。ただ、カフェインが入っているので、寝る前に飲むのは避けましょう。

パスタソース

パスタにもサラダチキンをトッピングしてよく食べるので、パスタソースは必須になります。無印良品のパスタソースは、かけるだけなので便利。味変用に何種か常備しておくと、飽きずに食べられます。

食べるならコレ!

TEISHOKU

定食屋

ばくだん丼

定食屋なら大戸屋。大戸屋の「ばくだん丼」は、ネバトロ系の食材がたくさん入っていてヘルシー。ダイエット中だと、鶏むね肉などちょっとパサつく食材を食べがち。とろみが欲しくても油を使うのは避けたい。そんなときにネバトロ食材の食感が最高なんです！

和定食

定食メニューは、副菜で野菜も摂りやすいので健康面もバッチリ。汁物もついているから、自炊をあまりしない人には嬉しい。栄養成分が公開されている大戸屋は僕もよく利用します。「しまほっけともろみチキンの炭火焼き」は、肉も魚も食べられて好バランス。

GYUDON

牛丼屋

まぐろユッケ丼

僕はすき家の「まぐろユッケ丼」をよく食べます。魚介系のどんぶりなので、ヘルシーだし、タンパク質がかなり多いです。僕の食の好みでもあるのですが、わさびと一緒に食べると、さっぱりとした味わいで食べやすいんです。

鶏そぼろ丼

外食するときに気にしたいのが、カロリー表示。カロリーとタンパク質と脂質、炭水化物などの栄養成分が公開されているお店はそんなに多くないんです。すき家はすべて表記されていて安心。タンパク質が多く、牛肉より脂質が少ない「旨だしとりそぼろ丼」は推し。

YAKINIKU

焼肉屋

レバー

焼肉もタンパク質を摂れるので、ダイエット中の息抜きとして活用するのにいいと思います。何を注文すればいいかというと、脂肪が少なくカロリーも低い内臓系が優秀なので、レバー。ホルモンを食べるなら牛より豚のほうが脂が少ないので、おすすめ。

もも肉

牛タンやハラミをヘルシーだと思っている人も多いですが、実はカルビと似たようなもので、カロリーは高めです。それなら、もも肉を選びましょう。また、焼き時間を気持ち長めにすると脂が落ちるので意識してみて。カロリーを約20%カットできます。

IZAKAYA

居酒屋

砂肝

居酒屋に行くのが好きだったり、付き合いで行かざるを得ない人もいると思います。その場合、焼き鳥を注文するのがいいですね。焼き鳥は食材そのままなので、カロリーも調べやすいという利点があります。砂肝は、低カロリーで栄養価的にもグッド。

ささみ

焼き鳥全般タンパク質が多いですが、よりダイエット目線で考えるなら部位で選んでみましょう。一押しはささみ。80%以上がタンパク質なので、別格です。鳥貴族で選ぶなら、「ささみ塩焼-わさび粗おろし添え-」が個人的に好きですね。

HAMBURGER

ハンバーガーショップ

ベーコントマト ビーフバーガー

ファストフードのハンバーガーも毎日じゃなければOK。僕がマクドナルドでよく頼むのが、「炙り醤油風 ベーコントマト肉厚ビーフ」。459キロカロリーでタンパク質は26.5gと、意外とカロリーが高くないんです。

チーズバーガー

マクドナルドでもうひとつ挙げるとしたら、「ダブルチーズバーガー」。これも460キロカロリーで、タンパク質は26.4g。パテが大きいから、タンパク質をしっかり摂れます。ファストフード店はカロリーを公開しているから、その日の摂取カロリーを意識したメニュー選びができます。

SUSHI

回転寿司屋

マグロ

鉄板でオーダーすべきなのは、マグロ。大トロなどは別ですが、マグロの赤身は低カロリーでタンパク質が多いので、安心して食べられます。ほかは、エビやイカなどもカロリーが低めなので、率先して選びましょう。ウニもタンパク質多めです。

コハダ

サバは脂分がかなり多くなってしまいますが、一般的に光り物や白身魚はカロリーが低め。中でもおすすめなのは、リーズナブルなコハダ。サーモンなど炙るネタは、脂を焦がして旨みを出しています。高カロリーなものが多いので、気をつけましょう。

HAMBURGER

ハンバーガーショップ

テリヤキバーガー

ハンバーガーショップではモスバーガーもおいしいから個人的にお気に入りです。バンズを野菜にできる菜摘シリーズも魅力的。そんな中、モスバーガーの「テリヤキバーガー」はダイエット向きかなと思っています。和風ソースでカロリーも400キロカロリー以下。

ハンバーガー

モスバーガーのシンプルなハンバーガーもおすすめ。定番のバーガーでも、バンズからはみ出るくらいパテが大きいので、ご褒美感があります。400キロカロリー以下で、タンパク質も摂れて優秀。たとえばカップアイスをたくさん食べるよりもカロリーは抑えられると思います。

SANDWICH

サンドイッチショップ

チキンサンド

野菜を大量に摂れ、さらにカスタマイズできるサブウェイによく行きます。外食系のファストフードだと、1食600〜800キロカロリーになることが多いですが、サブウェイの「チリチキンサンド」は273キロカロリーでタンパク質約20g。僕はいつも2個食べます（笑）。

FAMILY RESTAURANT

ファミレス

スープごはん

ファミレスは定食屋と同じで野菜を使ったメニューが多いから、自炊をあまりしない人におすすめ。中でもデニーズは栄養表記しているから助かります。デニーズの「海老とハーブ鶏のスープごはん」は、タンパク質が摂れて、もも肉を使っているから肉がしっとりしていて美味！

僕のYouTubeの視聴者さんが
考案したレシピから、おすすめを
ピックアップしました。
どれも工夫されたレシピなので、
皆さんも参考にしてみてください。
※栄養データはすべて一食分です。

「ダイエットの知恵袋」メンバーレシピLIST

小エビとブロッコリーの炒め物

材料（1人前）

冷凍ブロッコリー ……………… 200g
小エビ ……………………… 100g
オリーブオイル ……………… 10ml
めんつゆ …………………… 10ml
ニンニクチューブ …………… お好み
塩コショウ ………………… お好み
※辛いのが好きな方は、鷹の爪 ……… 適量

作り方

1. ブロッコリーを解凍する。
2. オリーブオイルをフライパンに入れ、ブロッコリーを炒める。
3. 焼き目がついてきたら、エビ（必要なら鷹の爪）を入れて炒める。
4. ニンニクチューブ、めんつゆを入れ、よく混ぜ合わせる。
5. 塩コショウで味を調える。

カロリー 291.5kcal / タンパク質 30.5g
脂質 14.3g / 炭水化物 16.5g

GAKUTO'S COMMENT

実はエビはタンパク質が多く脂質が少ない、ダイエット向きの食材の代表格です。ブロッコリーの緑と小エビのピンクで彩りもいいので、食欲をそそりますね！

秋鮭とキノコ、ほうれん草、卵のホイル焼き

材料（1人前）

秋鮭切り身（皮なし）………… 70g
卵 ………………………… 1個
ほうれん草（冷凍）………… 40g
エリンギ …………………… 45g
ハーブソルト ……………… 適量
ブラックペッパー ………… 適量
うま味調味料（好みで）…… 適量
料理酒 …………………… 大さじ1
オリーブオイル …………… 小さじ1弱

作り方

すべての材料をアルミホイルでぴっちり包み、オーブン、ノンフライヤー、フライパンなどで火が通るまで加熱する。

カロリー 244kcal / タンパク質 25.1g
脂質 11.9g / 炭水化物 7.2g

GAKUTO'S COMMENT

アルミホイルで包んで蒸し焼きにすることで、材料の旨みを逃さず、油の使用量も最小限にできていますね！　洗い物も少なく済むので、時短になるのもポイントが高いです。

ちくわとキノコのかさ増し幸せバターのパスタ

材料（1人前）

- パスタ・・・・・・・・・・100g
- しらたき・・・・・・・・100g
- （しらたきとパスタの比率はお好みで）
- ちくわ・・・・・・・・・・・・1本
- 小松菜・・・・・・・・・・100g
- お好きなキノコ・・・・85g
- 水・・・・・・・・・・・・・250g
- めんつゆ（4倍濃縮）・・・・・・・・・・・・・・小さじ1
- 塩昆布・・2つまみ（約5g）
- バター・・・・・・・・・・・・10g

作り方

1. フライパンに水を入れ沸騰させたら、半分に折ったパスタを入れる。小松菜は食べやすい長さに切る。
2. しらたきの水を切り、1のフライパンに入れる。匂いが気になる場合は、別のフライパンで乾煎りしてから投入する。
3. ちくわは食べやすい大きさに切り、ほぐしたキノコと一緒に2に入れる。火が通ったら、めんつゆと塩昆布を入れて混ぜ合わせる。
4. 茹で加減を見つつ、かき混ぜながら水気を飛ばす。水が足りない場合は追加する。
5. パスタの規定茹で時間の1分前に、小松菜の茎、葉の順に4に入れる。
6. 水気がほぼなくなったら火を止めてバターを落とし、溶かし混ぜる。
7. 器に盛って、お好みで塩コショウを振る。

カロリー 314kcal / タンパク質 15.3g
脂質 9.5g / 炭水化物 90.5g

GAKUTO'S COMMENT

キノコ類や小松菜、白滝などの食材で“かさ増し”することで、カロリーを抑えつつも食べ応えがあるレシピですね。ちくわでタンパク質を上乗せしているのもグッド！

砂肝とネギのバターしょうゆパスタ

材料（1人前）

- 高タンパク質パスタ・・・・・・・・・・・・・・・・・100g
- ※マ・マー早ゆでスパゲティFineFast高たんぱくタイプ1.6mmを使用
- 砂肝・・・・・・・・・・・・・・・・・・・・・・・・・100g
- バター・・・・・・・・・・・・・・・・・・・・・・・・・10g
- しょうゆ・・・・・・・・・・・・・・・・・・・・・大さじ1
- 小ネギ・・・・・・・・・・・・・・・・・・・・・・・お好み

作り方

1. 砂肝をスライスする。白い筋があれば切り落としておく。
2. ネギを斜め切りする（小口切りでもOK）。
3. フライパンでバターを中火で熱して、砂肝を炒める。色が変わったらネギを加えてしんなりするまで炒める（脂質を落としたい場合は、バターを使わず酒蒸しでも可）。
4. 鍋に水と塩を入れ、パスタを規定時間通りに茹でる。
5. 3にパスタを加え、しょうゆを鍋肌から回し入れ、味がなじむまで炒め合わせる。

カロリー 477kcal / タンパク質 39g
脂質 11g / 炭水化物 68g

GAKUTO'S COMMENT

1食約477キロカロリーと、パスタメニューとしてはややカロリー控えめ。にもかかわらずタンパク質39gと驚愕の高さ！　優秀食材・砂肝を上手に活用していますね。

ツナとブロッコリーと卵の和えもの

材料(1人前)

ノンオイルツナ缶 …………………1缶
ブロッコリー…………………………50g
ゆで卵…………………………………1個
塩……………………………………お好み
ブラックペッパー ………………お好み

作り方

1. 茹でたブロッコリーを食べやすいサイズに切ってボウルに入れツナとゆで卵を加えて、くずしながら混ぜる。
2. 塩とブラックペッパーをお好みで振る。

☆パンに挟むのもおすすめ(カロリー計算はパンを含みません)。

カロリー 140kcal / タンパク質 22.3g
脂質 11.51g / 炭水化物 14.4g

GAKUTO'S COMMENT

ノンオイルツナを使うことで、カロリーを大幅にカット! 140キロカロリーと低カロリーながら、高タンパク質&食物繊維の組み合わせで、食後の満足度も高くていいですね。

キノコの酒蒸し

材料(1人前)

お好みのキノコを3〜4種類 ……… 約500g
(えのき100g、ぶなしめじ100g、エリンギ90g、まいたけ180gなど)
酒……………………………………15g
塩……………………………………3g

作り方

1. キノコを食べやすい大きさにほぐして、すべて鍋の中に入れる。
2. 酒、塩を入れて強火にかけ蓋をする。
3. 鍋から湯気が出てきたら中火にして2〜3分ほどキノコを蒸す。
4. 蓋を取り、出てきた水分を飛ばすように焼いていく。
5. 水分がなくなったら、火を止めて保存容器に移す。

カロリー 133kcal / タンパク質 10.91g
脂質 1.7g / 炭水化物 24.9g

GAKUTO'S COMMENT

133キロカロリーと超低カロリー! 材料を切って鍋に入れ、酒と塩を加えて蒸すだけというシンプルな工程も嬉しいポイント。これなら忙しいときでも手軽に作れると思います。

プロテインケーキ

材料（1人前）

プロテイン ························28g
おからパウダー ·····················20g
ベーキングパウダー ··················4g
糖質ゼロシュガー ···················20g
水 ·····················100～150g

作り方

1. 水以外の材料を大きめの耐熱の器に入れて、スプーンでよく混ぜる。
2. 水を入れてさらに混ぜる（混ぜづらい場合、少量ずつ水を足す）。
3. レンジ（600W）で2～3分加熱する。

カロリー 180kcal / タンパク質 24g
脂質 38g / 炭水化物 4g

GAKUTO'S COMMENT

材料を混ぜて電子レンジで加熱するだけなので、忙しいときでも簡単に作れますね！　砂糖の代わりに糖質ゼロシュガーを使うことで、おいしさと低カロリーを両立させていてナイスです。

プロテインベーグル

材料（1人前）

A 強力粉 ··························200g
　塩 ································4g
　きび砂糖 ·························9g
　ドライイースト ····················2g
水 ·····························120g
プロテイン ························45g

作り方

1. Aをボウルに入れる。
2. 40～45℃のぬるま湯をシェーカーに入れ、プロテインを入れてシェイクする。※水の温度が高すぎると、プロテインがダマになるので注意！
3. 1のボウルに2を入れて、こねる。
4. 生地を1つにまとめてラップをかけ、常温で10分程度休ませる。
5. 生地をボウルから出し、4等分に分けて小判形に丸める。
6. 生地にラップをかけ、常温でさらに10分程度休ませる。
7. 生地をドーナツ形に成形する。
8. オーブンを40℃に設定し、生地を45分発酵させる。
9. 発酵が終わったら、オーブンを200℃に予熱する。
10. 鍋にお湯を沸かし、砂糖20g（分量外）を入れる。
11. 発酵した生地を10の鍋に入れ、裏表30秒ずつ茹でる。
12. 茹で終わったらすぐに200℃のオーブンで12分焼く。

カロリー 225kcal / タンパク質 14.1g
脂質 1.8g / 炭水化物 39.3g

GAKUTO'S COMMENT

ベーグル作りにプロテインを使うとは目からウロコでした！　痩せるためにパンを我慢する人は多いと思いますが、これなら罪悪感なしで食べることができるでしょう。

食事にまつわるウソホント

TRUE or FALSE

Q.1

水を飲むと痩せるって本当?

A.1

水を飲むことで食べぐせが抑えられるなら良し!

水を飲めば痩せるというわけではありません。ゼロキロカロリーなのでいくら飲んでも太らないという点ではダイエット向きと言えるんですが、飲めば痩せるはさすがに過言ですね(笑)。ただ、喉が渇いているだけなのに、お腹が空いていると勘違いしている人って実は多いんです。**試しに水を飲んでみると、意外と満たされることがありませんか?**　「なんか口さみしいな」というときに、お菓子ではなく水を飲むようにしてみるといいかも。つい何かを口に入れてしまう〝食べぐせ〟を抑えるために、水を飲むのはいいと思います。

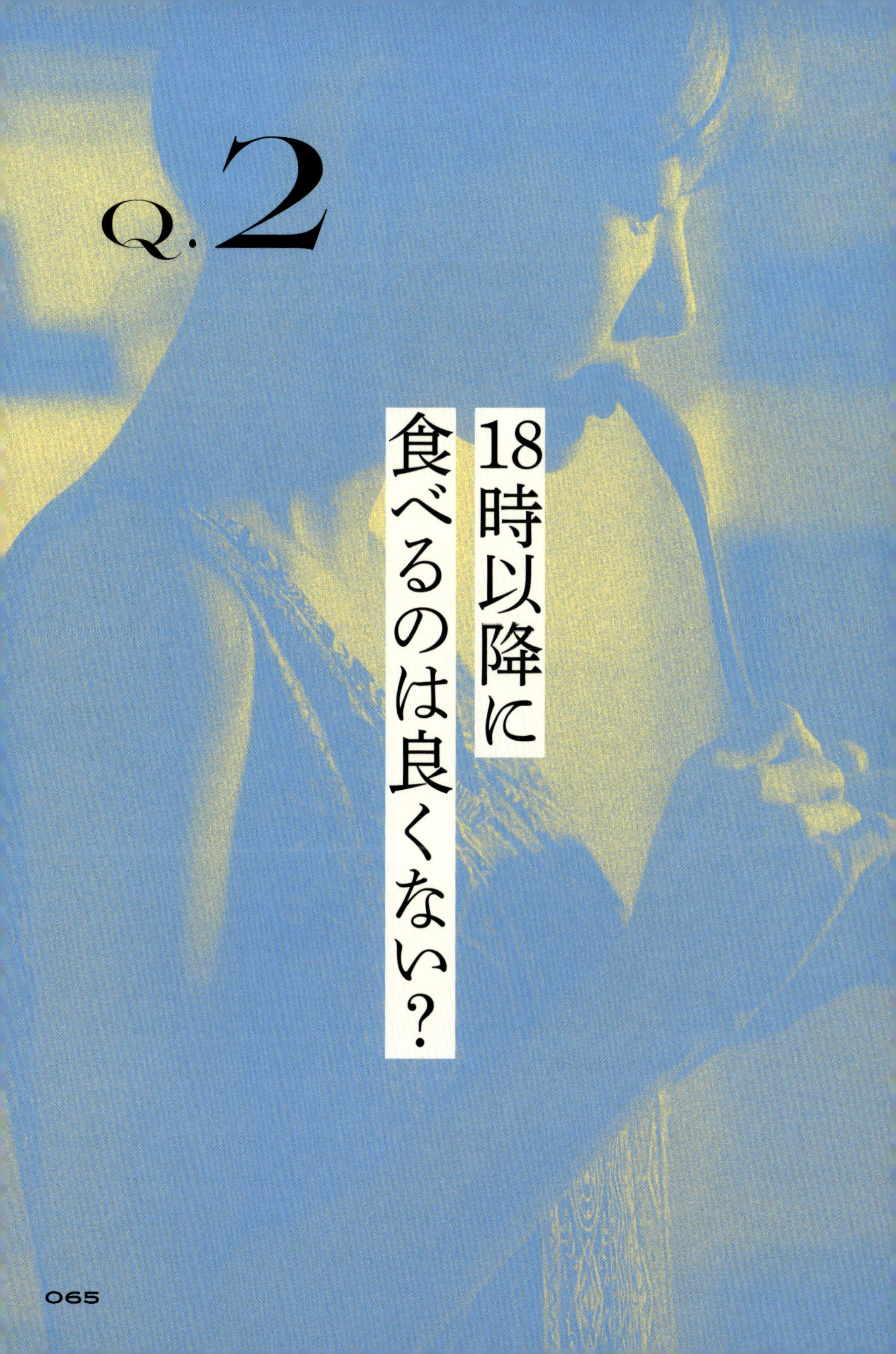

Q.2

18時以降に食べるのは良くない？

A.2

1日の摂取カロリーをトータルで考えればいいので、そこまで気にしない!

「18時以降に食べると太る」というより、「晩ごはんは食べすぎることが多いから太る」が正解。「飲み会しましょう」と言って、朝やる人はいないですよね。夜は食事のほか、アルコール量も増えると思いますが、みんなきっとどれくらい飲んでいるかは覚えていないのではないでしょうか。**「いつ食べるか」ではなく、「どれくらい食べるか」が重要**です。「18時以降は食べないようにする」ことにこだわらず、1日のトータルの食事量を気をつけるようにしましょう。

ただし、寝る直前に食べると睡眠に入りにくくなったりするので、就寝2~3時間前までには食事を終えるほうがいいでしょう。

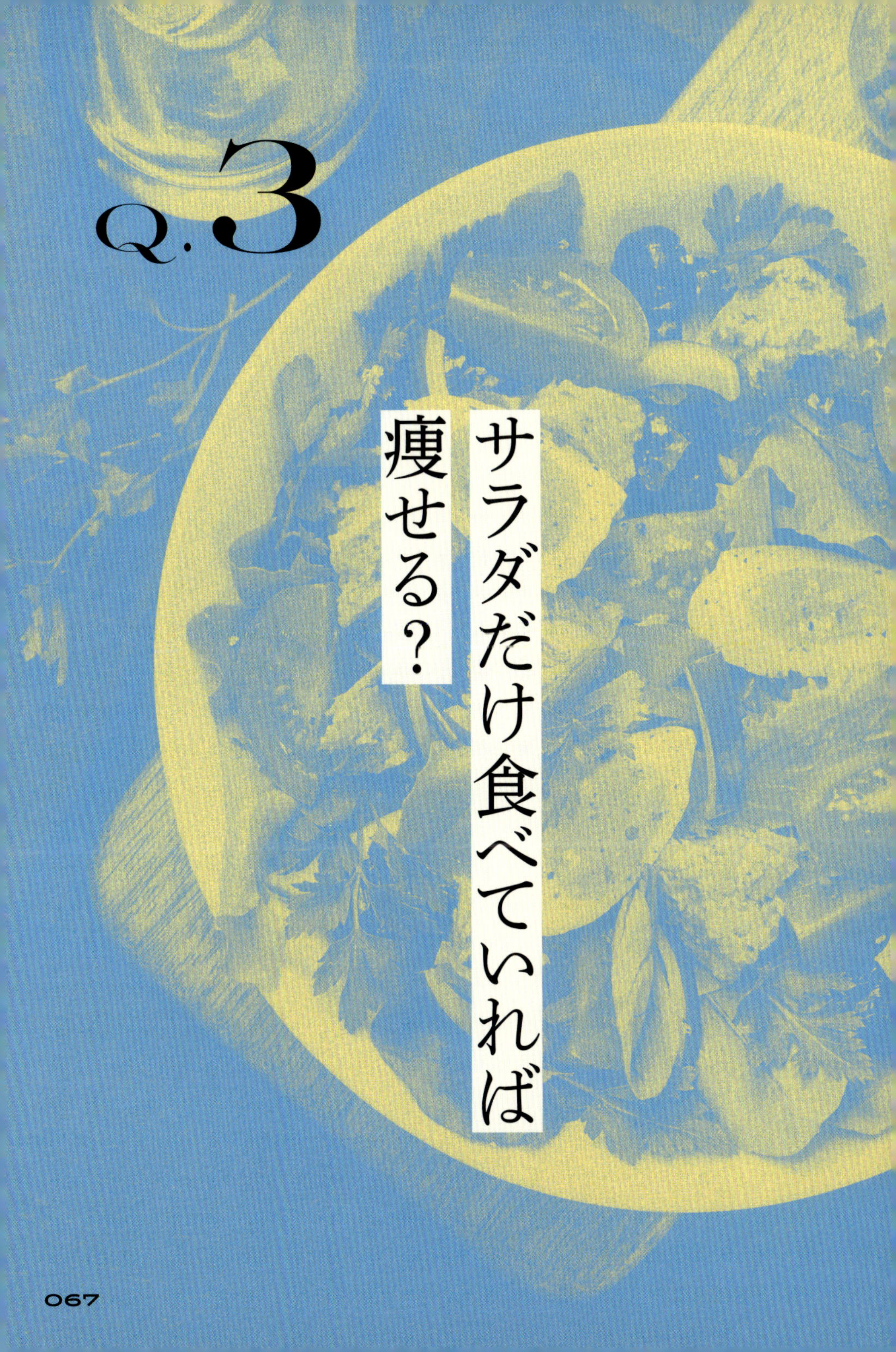

Q.3

サラダだけ食べていれば痩せる？

A.3

バランスが全然良くない！

サラダだけ食べていれば確かに痩せます。ですが、望ましくはないですね。カロリーが少なすぎるから痩せるスピードが早すぎちゃったり、タンパク質が摂れていないぶん筋肉が落ちやすくなり体が引き締まりづらかったりします。さらに、**タンパク質は食べると満足感があるけど、野菜だけだとそこまで「食事をしたな」という感覚を得られず、満たされない**。野菜が好きなら食べてもいいですけど、我慢してやるならおそらく続かないと思うので、やっぱりバランスを見たほうがいいですね。野菜を食べる習慣自体はすごくいいと思います！

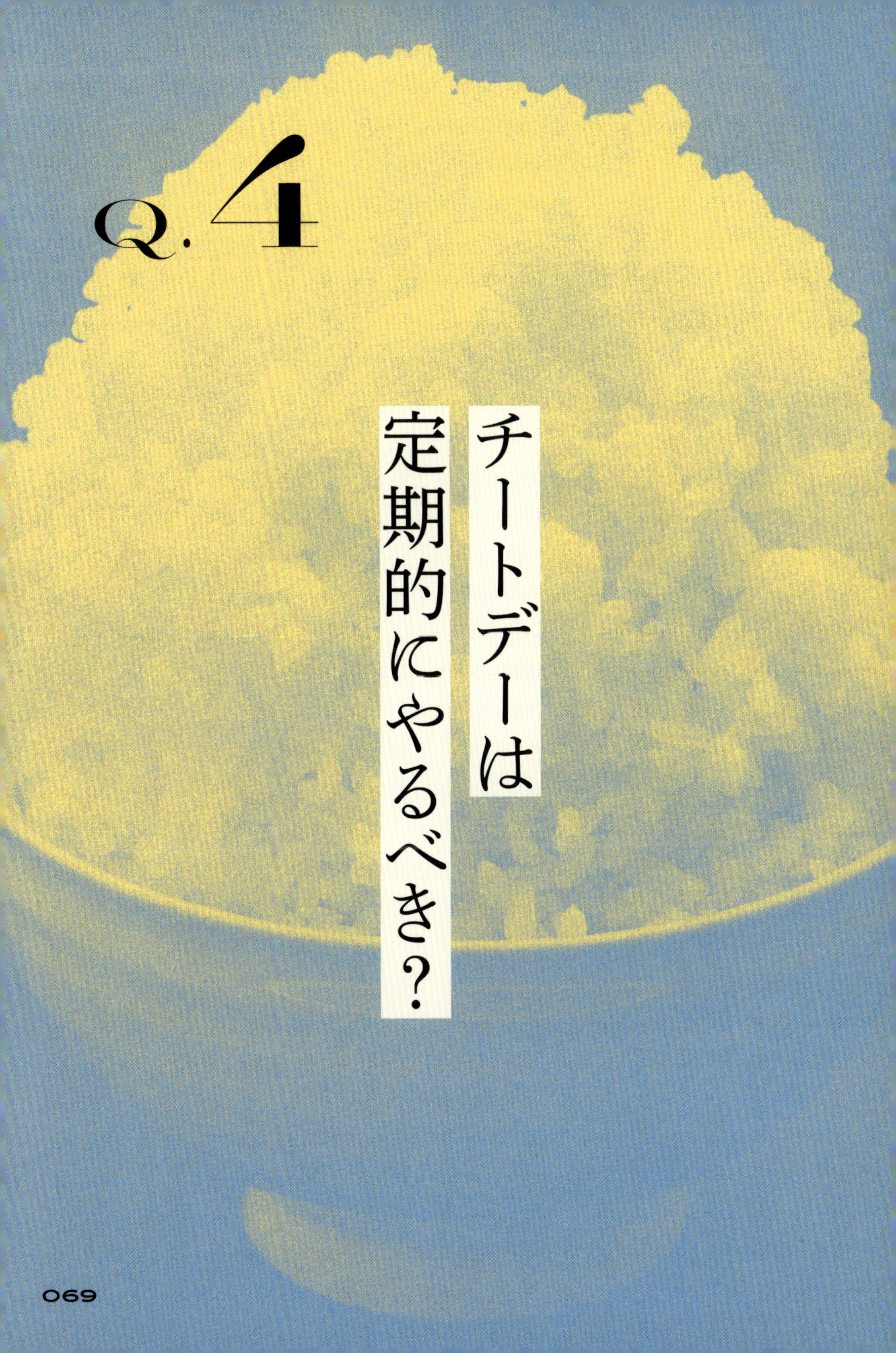

Q.4

チートデーは定期的にやるべき?

A.4

痩せるためならNG

好きなものを食べてもいい「チートデー」はケースバイケースではあるけど、痩せるためにやるものではないですね。みんな、我慢ばかりじゃ続かないからたまにはハメを外してもOK！と思っているかもしれないけど、そういうわけではないです。実際、チートデーを作って爆食してしまったら、**単純に食べすぎた日が1日増えるだけ。痩せるスピードは遅くなってしまいます**。息抜き程度にたまに食べるのは構わないんですが、ダイエットの観点から言うとやりすぎないほうがいいですね。

Q.5

プロテインをたくさん摂れば痩せる？

A.5

上手に付き合って!

プロテインは痩せるために飲むものではありません。プロテイン、つまりタンパク質を体に入れても、めちゃくちゃカロリーを摂っていたら痩せることはできません。タンパク質を摂りつつ、カロリーは抑えることがダイエットでは大事。そのときに鶏むね肉や魚、高タンパク質ヨーグルトに頼ってばかりいると、飽きたり、ちょっとキツかったりする。だから、その**補助としてプロテインは優秀**なんですよね。コンビニで売っているくらいだからどこでも買えて、比較的安価。カロリーが低くてタンパク質が多いので飲む価値はあります。

よく「運動後にプロテインを飲む」というのも聞きますが、飲むタイミングはあまり重要じゃないですね。トータルでタンパク質をどれだけ摂れているかが重要だから、**タイミングより量に気をつける**。食事で十分タンパク質量を摂れているなら、プロテインを飲む必要はないんです。

EXERCISE & MIND

PART
2

運動の話とマインドの持ち方

運動の努力0.1%

食事法と同じく
一歩一歩
マイペースに

進めていきましょう

簡単なところから始める

そうすると、成長する楽しさを実感できる

食事と同様に、運動でも大事なのが**自分にできることから一歩一歩着実に進めていくこと**。できたらジムで筋トレしたほうがいいですが、通えないなら、ダンベルを買って自宅でやればいいし、それも難しかったら自重トレーニングでもいい。さらにそれも難しかったら、有酸素運動を軽く始めるのでもいいです。そしてそれでも難しかったら歩数稼ぎでもOKなんです。世の中的には、「運動＝ジムに通うのがスタート」という考えが定着しているかもしれませんが、逆に考えていきましょう。まず歩数稼ぎをして、物足りなくなったら自宅で筋トレを始める。もっとやりたいなと思ったらジムに通って筋トレをする。運動も**簡単なほうから始めるのが攻略のポイントです**。

写真を撮って変化をチェックするのが一番わかりやすい

僕のアドバイスの中で、〝ステップアップ〟は重要なキーワードです。10回スクワットしたって何も変わらないでしょと思われがちですが、何もやらないより断然効果があります。車で例えると、みんなアクセルをベタ踏みかブレーキをベタ踏みか、進んでるか止まってるかの極端な2択で考えがち。でもほんの少しでもアクセルを踏んでいるなら、ゆっくりでも確実に前には進んでいるんですよね。なので慌てる必要はありません。まずは自分のペースで動き始めて、徐々にスピードを上げていきましょう。

個人差はありますが、ダイエットを始めて大体1ヶ月で自分が気づくくらい、2ヶ月経つと人から言われる程度に変化は出ると思います。その**効果を感じるためには、自分で全身の写真を撮っておいたり、サイズの小さいインナーを買っておいたり、実感できるようなことを準備しておくといい**と思います。個人的には、メジャーや体重計での測定よりも、タイトな服を買っておく、という実用的なやり方を推奨しています。測定してサイズダウンしても、あまり実感がわかなかったりする。でも、着られなかった服が着られるようになるのは、大きなメリットですよね。二の腕やお腹、太ももなどコンプレックスを感じているパーツが明確にある人は、そこだけ

ウエストを測るより見た目が変わるほうがモチベーションが上がる

をフォーカスして見てしまうんです。そのパーツ以外に変化が起きていて、これからじわじわと効いてさらに変わってくるはずなのに、自分が気になっているパーツしか見ない。ちゃんと効果が出ているという実感を得るために、ダイエット前の自分の写真を撮っておくのは重要なことなんです。

Basic knowledge No.
1
exercise

ルール1

全身を鍛える

SQUAT
スクワット

筋トレを続けると
わかりやすく体形が変化する

理想の体形に導くために、筋トレはかなり効果があります。**部分的にではなく、全身トレーニングをしていくとさらに効果があります。**よく「お腹の脂肪を落としたいから腹筋だ！」とお腹の筋トレだけをやる人がいるんですが、実はそれは間違い。というのも人間は部分痩せをしないので、お腹の筋トレをしたからお腹の脂肪が落ちるというわけではないんです。なるべく多くの筋肉を鍛えれば効率よく全身の脂肪が落ちていき、その結果お腹や気になる部分も引き締まります。なので筋トレは全身を鍛えることを意識してください。おすすめは1種目あたり8～12回を3セット、セットの間は2～3分休みましょう。1種目あたり10分くらいになると思います。筋トレは、負荷を大きくかけることで鍛えられるもの。だから、適宜休憩を入れながら行うのが、正しい方法なんです。逆に休まずに続けられるなら、負荷が軽すぎるのかもしれません。

上半身のトレーニングでおすすめなのは腕立て伏せとプラン

PLANK
プランク

ク。腕立て伏せができないという人は膝をついてやっても大丈夫です。下半身のトレーニングとしておすすめなのが、スクワットやランジなど。これも腹筋と同様に、自宅で隙間時間でできるのでいいと思います。背筋のトレーニングはぶら下がるものが必要になるので自宅だと難しいのですが、下半身系のトレーニングは簡単にトライできます。まずはこれらから始めてみると、筋トレが嫌じゃない人は、どんどん凝り始める傾向にあります。自重だけでは満足できなくなり、ダンベルを買って負荷をかけるようになったり、ハマっていくんですよね。筋トレをやる前は気が進まなくても、**やった後に爽快感があったり、続けると体形が変わってきたりして、「お！」と自分の中で納得がいく**。そうすると、どんどんやりたくなってしまうのだと思います。

最初は10回からでもいいと思います。そして回数を増やしていく。同じことをくり返すのではなく難易度を上げていくことが大切です。なので、10回できた人は次は12回を目指す。両

LUNGE
ランジ

脚でできるようになった人は片脚でもできるようにする。そうやって難易度を上げていきましょう。回数が30回程度になると所要時間が増えて、1日の中で時間を取るのがきつくなってくるので、ダンベルを購入したり、負荷を上げたりすることを検討してみましょう。重さを増やすと、時間効率が良くなるというメリットがあります。

筋トレはとっかかりがないと、なかなかやろうと思えないかもしれません。そこで、「10回腹筋をやっても意味がない、50回を目指そう」となるとハードルが高くなってますます取り組めなくなってしまいます。だから「10回でもOK。とりあえず始めてみよう」という思考が必要。そのほうが続けやすいし、もっともっとやりたくなってくる。そして気づいたら、自発的にいい運動ができていることが多いんです。

Basic knowledge No. 2

exercise

ルール2

歩数を稼ぐ

今まで運動習慣がない人は まずは、歩くことから!

はじめにお話しした通り、**運動や筋トレに苦手意識を持っているる人は、歩くことから始めてみてください**。歩くのもちょっと億劫という人はいると思うんですが、意外と始めてみるとこれもハマる人が多いんです。夜型だった人が朝歩く時間を作るようになって、今では朝活として散歩が習慣になりました、という声もよく聞きますし、歩くだけでも気分転換になるもの。実際、朝日を浴びて体を動かすことがうつ病の改善に効果があるくらいなので、メンタルにとても良い影響があるんですよね。

僕は1日1万歩を推奨していますが、1日1000歩からでもいいので始めてみましょう。そのうちに2000～3000歩では少なく感じるようになり、6000歩で気持ちよく感じる人が多くなるようです。8000～1万歩までいくとダイエット効果もかなり期待できますね。

自分の好きな散歩スタイルを編み出してみる

僕のYouTubeのメンバーシップに登録している方たちも、自分の散歩スタイルが確立している人が多いです。犬の散歩のついでだったり、推し活とあわせたりするのも効果的。ライブ遠征に行ったり、聖地巡りをしたりすると、必然的に歩数は稼げます。しかも推しのために行動しているので、つらさは軽減されるはず。ただ遊びに行っているだけと思わず、これもダイエットの一環と捉えるようにしましょう。**歩数稼ぎこそ、ちりつも**。最初は１００歩からでもいいし、ハードルの低いところから始めていく。**大切なのは、やめずに続けること**です。

ひとつアドバイスをするとしたら、ウォーキングの際には、スニーカーなどの装備は整えておいたほうがいいでしょう。自分の足に合うスニーカーやインソールを選んで、服もデニムだと股ずれが起きるので、「今日は歩くぞ」という日はワイドシルエットや素材の柔らかいボトムを選ぶといいでしょう。快適に歩けるものを準備しておくと安心です。次のページで、僕の散歩スタイルを紹介するので、よかったらチェックしてみてください。

MY 散歩スタイル

iPhone & AirPods

僕はお笑いが好きなので、芸人さんのラジオを聴きながら歩くことが多いですね。大体2時間くらいなので、聴き終わると1万歩くらい歩くことができて、ちょうどいいんです。なので、iPhoneとAirPodsは必須。

夏はハットをプラス

日差しが強い夏の昼間の散歩には、ハットがマスト。夏でも1万歩を目指すとなると、日焼け対策のほか、熱中症対策としても必要だと思います。両手が塞がらないので、日傘よりも手軽でいいですね。

コーヒー

水分補給の意味もありますが、コーヒーショップを目的地にすることもあります。「あのお店のコーヒーを飲んでみたい」と思ったら、そこまで歩く。そうやって目的地を設定すると無理なく歩数も稼げると思います。

ニューバランスのスニーカー

スニーカーは、クッション性の高いニューバランスがお気に入りです。長時間歩くときは、足の疲労を軽くするインソールを入れています。足の疲労度が緩和され、かなり快適です！

視聴者の「ダイエットの知恵袋」

TOEICの勉強をしているので、覚えた単語を頭の中で復習しながら歩いています。

ゲーム「どうぶつの森」のBGMを流しながら、世界観と一体化した気分で歩いてます。

痩せてスタイルがよくなった自分を妄想しながら歩く。そうするといい姿勢で歩けることに気づけました！

自分の好きな、テンションの上がる曲のミックスリストを聞きながら、いろんな部位の筋肉を動かすことを意識して歩いています。「あと○kg落ちたらこういう服を買おう」とか、「次のチートデーはあれを食べよう」とか考えたりしています。歩いている最中に町中華や洋食屋のいい香りが漂ってくると、誘惑に負けそうになりますが（笑）。

「この街、雰囲気がいいな」とか「素敵なお家だな」とか、目に入る街の風景を楽しんでいます。

デジタルデトックスするために、何も聴かないで歩くことに集中しています。

散歩テク

僕のYouTube内でお聞きした視聴者さんの散歩テクをピックアップしてご紹介します。ユニークなテクニックも多いので、参考にしながら、自分らしいお散歩を楽しんでみてください。

ポッドキャストを聴くか**友達と電話**しながらが多いですね。どちらもあっという間に1時間ぐらい歩いています。

道で猫に会うことが多いので**ネコちゃんの写真を撮りためながら歩いてます！**

ノイキャンして**メタルのアルバムを1枚聴く**ようにしています。1時間以内で聴き終わるのでちょうどいいし、音楽にもノれて気づいたら時間が経っている感じです。

犬を散歩させつつ**トングを持ってゴミ拾い**をしつつ**ピクミンブルーム**（位置情報ゲーム）をしつつ**オーディブル**で小説を聴いてます。

怪談話を聞きながら歩いてます！

テンポのいい曲は自律神経にもいいと聞いたので、それ以来**ロックを聴きながら歩くようにしています。**

自動販売機の商品をチェックしながら歩くのが楽しい。普段行かないスーパーやコンビニに立ち寄って商品を眺めることもあります。その地域の特徴があって面白いんです！

自分の歩くペースに合わせた曲を集めて、プレイリストを作成しています。それを聴きながら歩くと、自然とノリノリになれてどこまでも歩ける気がします！

ルール3

ながら運動を取り入れる

Basic knowledge No. 3

exercise

無意識でできるくらい生活に溶けこんだ運動を活用する

筋トレや散歩は、「やろう」と思ってから行うものですよね。それをもっとレベルを落とすイメージで、**生活に密着した運動を取り入れるといい**と思います。立ってする料理や皿洗い、掃除。どんなことでも体を動かしたら、カロリーは消費されるもの。些細なことであっても運動していると考えると、ダイエットに取り組む意識が高まってくると思います。理想は、やる気がなくてもできるようなこと。だから生活に密着した「ながら運動」がおすすめなんです。

僕もYouTubeの動画編集をやろうと思っても、面倒くさいなと思ってなかなか取り組めないときがあります。でも、始めてみると勢いがついて最後まで終えてしまうんですよね。**やる気が出るのを待つよりも、とりあえず何か行動してみるといいかもしれません**。気合を入れなくてもできる運動。歯を磨きながらかかとの上げ下げでもいいですし、テレビを観ながら足踏みでもいいと思います。意識しないで自然とできるくらい手軽に、ながらでできる運動に挑戦してみましょう。

ステッパーや エアロバイク

梅雨の時期や、雪国地方の冬場の運動として、自宅で歩行運動ができるステッパーはおすすめです。外に出て散歩できないときに活用してほしいですね。在宅勤務の方にもいいと思います。また、エアロバイクは下半身トレーニングになるし、動画を観ながらやるとあっという間に時間が過ぎていきます。

ダンス

自宅でちょっとした隙間時間でできるダンスもいいですね。これも推し活を絡めてやると、モチベーションが上がりそう。推しのアーティストのダンス動画を観ながらトライすれば、気持ちも豊かに。毎日続けるのも苦じゃないはずです。

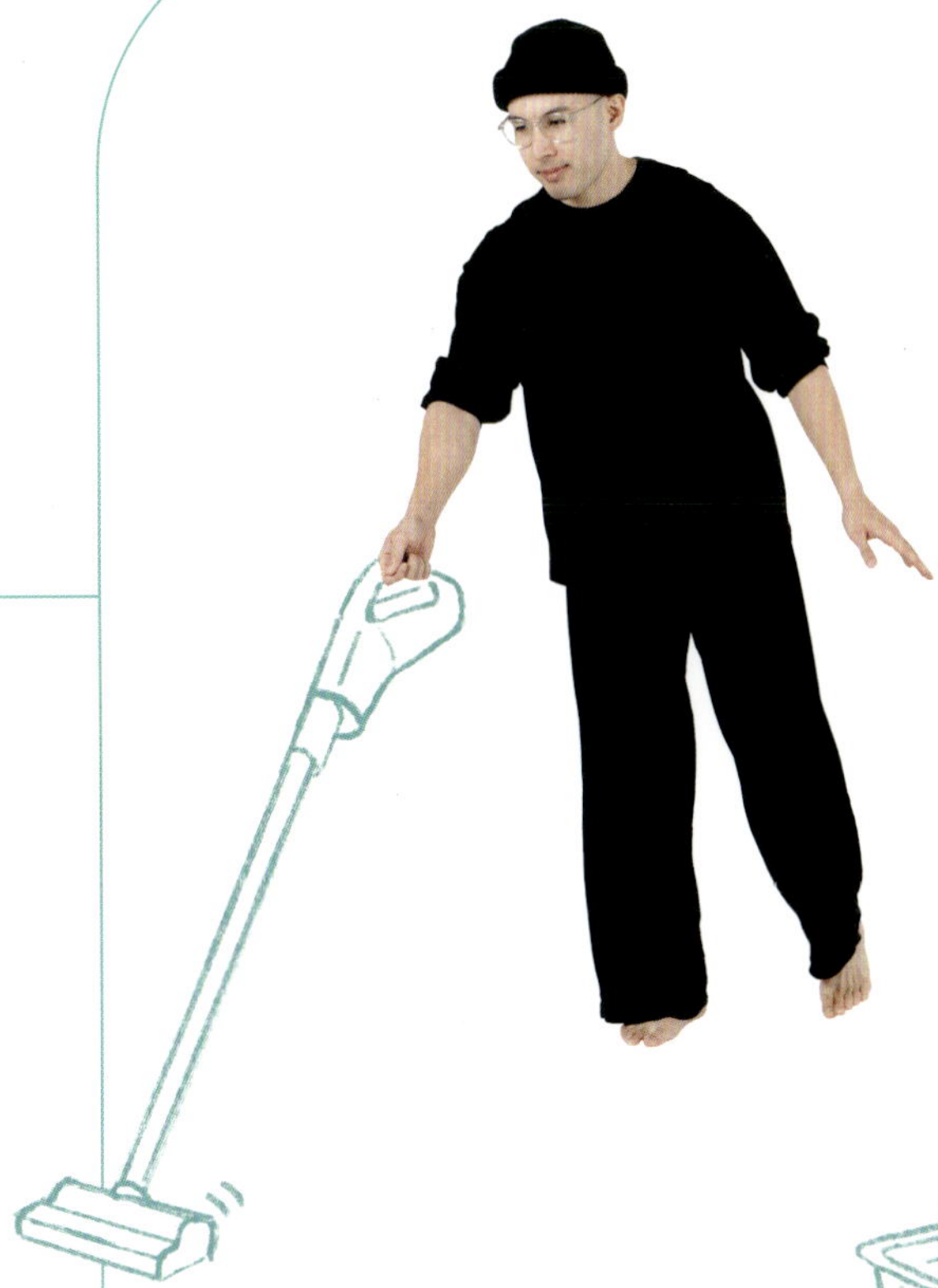

掃除

家事も立派な運動です。掃除機をかけながらカロリーを消費していると思うと、ダイエット意識が高まるはず。お風呂掃除や窓拭きも、全身をしっかり動かしているので効果的。ただ掃除をするだけでダイエットにつながっているなら、お得な気がしませんか？

買い出し

食品を探して店内を歩き回るだけでもカロリーは消費されているし、重い荷物を歩いて持ち帰ればさらに効果は高まります。食品の買い出しだけでなく、洋服を買いにショッピングに行くのも良いと思います。

マインドの努力0.1%

ダイエット中は心も健康でいることを大切に

人付き合いや、仕事でのポジションなどを犠牲にしてまで取り組むことではない

痩せることがすべてじゃない！

ダイエット中のマインドの持ち方としては、**ダイエットのみに集中しないこと**。家族やパートナー、友人などとの人間関係を壊してまで行うダイエットは、必要ではないと思っています。トレーナーやボディビルダーは、それが仕事でもあるから主軸にして生きているのですが、会社員や学生、主婦など一般の方はそうではないですよね。仕事上での会食は参加しないといけないし、友人とのランチだって楽しみたい。**自分でコントロールできないシチュエーションがあることをちゃんと理解して、自分の力で調整できる部分でがんばればいいと思います**。ダイエットを始める前に、まずその部分を分けて考えておくと、自分を追いこみすぎないで済みます。コントロールできる場とできない場は人によってかなり差があるので、ダイエットをする上で「人は人」という考え方を持つのがいいかもしれません。

ダイエットは、「人は人」

バランスよく生きよう

トレーナーをはじめダイエットに成功している人は、自分たちのやり方を正しいと思ってそれを布教しがち。僕も昔はそういう部分がありました。でも、先ほど話した通り、人生でダイエットの割合がめちゃくちゃ大きい人のやり方を真似しても、しんどくなるだけです。ムキムキな体になりたいと思っている人は、それほど多くはないはず。少し体形がシュッとして、健康的でいられればいいという人がほとんどではないでしょうか。だから、**ゴール地点は自分で決めるようにしましょう**。「5kg痩せる！」と目標を決めてしまうと、体重が想像していたより落ちなかった場合、達成するまでにイライラしてしまって、

理想的なゴールは 自分で決める

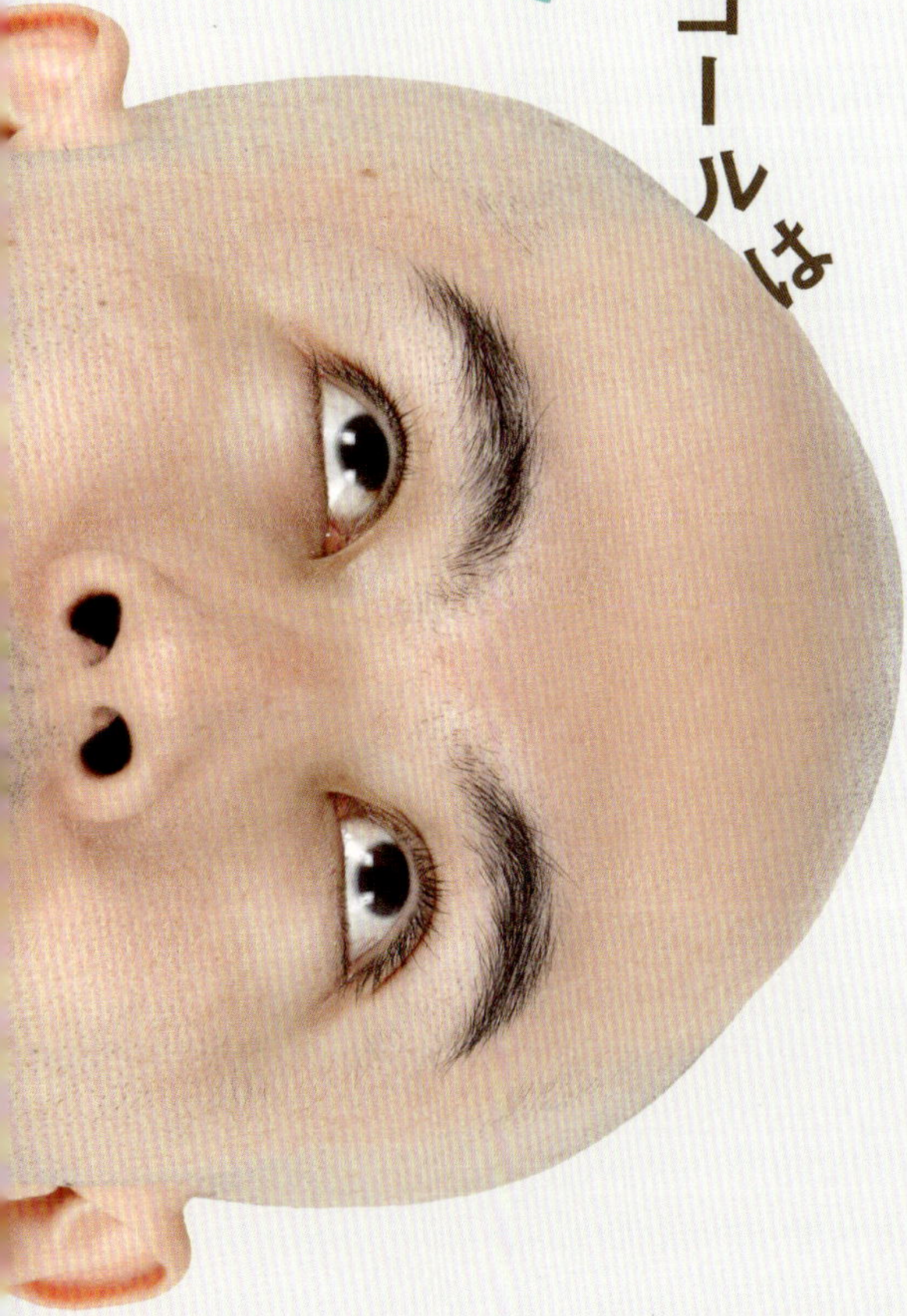

モチベーションを保てなかったりする。だから、「１日１００歩歩く」などすぐ達成できることを目標にするほうがいいと思います。達成しやすいから気持ち的に楽になりますよね。急激な体重変化もないので、体も心もヘルシーです。**実現まで時間のかかる「結果」を求めるより、簡単にできる「行動」を目標にするといい**でしょう。

片倉流ダイエット
格言10選

僕がダイエットにおいて重視していることを、
格言スタイルでお届けします!
くじけそうになったときや迷いが生じたときに思い出して、
基本に立ち返ってみてください!

ストップ! Dead or Alive

片倉

みんなゼロスタート!

行動を起こせばプラスになる

ダイエットはプラスかマイナスかではなく、加点式で考えるのが正解だと思っています。ダイエットを始めるときは、みんなゼロの状態。なのに、これからプラスになるかマイナスになるかで考えている人がけっこう多い。実際はゼロスタートだから、1になるか5になるかはわからないけど、マイナスになるってことはないんですよね。散歩したり、カロリーを抑えた食事をしたり、何かしらダイエットに貢献することをしたら、プラスにしかなりません。効果がある前提で考えてほしい。加点方式であることを忘れないでほしいですね。

やる気に頼るな
習慣に頼れ‼

片倉

やる気はそこまで重視しない

やる気を出すのって、なかなか難しいんですよね。それを長続きさせるのはもっと難しい。やる気がない状態だと、無理やりやる気を出そうとするので、だんだんしんどくなってきて挫折してしまう。だから「やる気を出そう」とするのではなく、「やってみたらやる気が出た」というのがいいサイクルだと思います。ダイエットをやってみたら、気持ちが盛り上がって、次から次へとトライしたくなる。そんな状態になれたら最高ですよね。僕はこれを“受け身のやる気”と呼んでいます。

「私はやる気満々じゃないからダメだ」とネガティブに捉える人って多いんですけど、生きている中でそんなにやる気なんて出ません（笑）。だから、やる気云々は気にしないで続けていく。そうすると、歯磨きや入浴と同じくらい自然と続けられている自分に気づくはず。もう気づいたらやっている、とりあえずやる、という状態に変化していきます。この状態が習慣と言われるもので、習慣化すると痩せやすくなるのだと思います。

ゼロにしない

片倉

少しずつでも続ける努力を

ダイエットを完全にやめてしまうと、再開するのが難しい。仕事がしばらく忙しい、育児にかかりっきりで時間を取れない。そんな状況になっても、少しでもいいから続けられたらいいですよね。ダイエット法を考えるときは、より効果が高いものよりも、毎日やる前提でできることを考えたほうが得策です。

1日に2時間ジムに行くというのは確かに効果的かもしれないけれど、毎日は厳しかったりする。途中でまったく通わなくなるくらいなら、自宅で20分程度の筋トレを毎日続けたほうがいいと思います。自分の続けやすいやり方や分量を見極めて、取り入れていくことをおすすめしますね。体づくりをしっかりして筋肉ムキムキになりたいなら別ですが、多くの人はそこまで求めていないはず。それなら、自分のペースでできるものを途切れさせないでやることを目指しましょう。

人生を
充実させる

片倉

ダイエットに傾りすぎない

たとえば、僕がYouTubeの動画で、「ギリシャヨーグルトを毎日食べています。最近ははちみつをかけて食べるのにハマっています」と話したりすると、「どんなダイエット効果があるんですか？」「はちみつにどんなメリットがあるんですか？」という質問が来たりするんです。その答えはただ「おいしいから」なんですよね（笑）。ダイエットに傾倒していると、そういう人生の喜びを見失いがちになります。痩せるか痩せないかに執着しすぎず、ダイエット以外のこともちゃんと視野に入れてあげないと、人生は充実しないと思うんです。友達とおいしいご飯を食べて楽しい時間を過ごす。それってすごく素敵な時間ですよね。

ダイエットのメリットばかり追求していると、その視点から抜け出せなくなってしまう。おいしいとか、楽しいとか、これがあると仕事ががんばれるとか、そういう気持ちの部分もちゃんと大切にして、バランスよく続けてほしいですね。

痩せすぎに注意!!

片倉

健康的に痩せることを目指して

体重は軽ければ軽いほどいいと考える人は多いんですが、実際はそうではありません。食事を減らしすぎるのは筋肉量の低下につながるので、思ったように体は引き締まりません。特に健康を意識するんだったら、痩せれば痩せるほどいろんなリスクが高まってくるので要注意です。一般的には「太る＝不健康」というイメージがありますが、実は痩せすぎはそれ以上に健康を損なうリスクが高く、実際に死亡リスクはBMIが低ければ低いほど高くなります（特にBMI19以下）。女性は、体重を気にして若いときに過度なダイエットをする人も多いと思います。そうなると、必要な栄養素が足りず骨がもろくなってしまいます。今は問題なくても、年齢を重ねたときに代償があるんですよね。痩せすぎで骨がもろくなったり生理が止まったりする人もいるので、そこまで犠牲にしないでほしいですね。

体重計からの
卒業

片倉

体重に振り回されない！

体重に縛られないようにする、という話は幾度となく話していますが、やはり大事ですね。毎日体重計に乗っている人もいるかもしれませんが、ゴールデンウイークや年末年始、女性だったら生理前など、体重が増えやすい時期はこまめに測る必要はないと思っています。

あとは、外食をして食べすぎたときに、つい気になって体重計に乗ってしまうという人も多いと思いますが、これもおすすめしません。飲み会があった日、ついラーメンを食べてしまったとき。外食後は体重が増えるのは当たり前です。測っても「増えちゃった……」と落ちこむだけだし、体重計に乗って一喜一憂するのはよくない。気にしてしまうなら測るのはやめておきましょう。体重以外のことに目を向けるほうが、メンタルも健全に保たれます。

スルー

たまのご褒美は
生活の
ハリ

片倉

モチベーションアップに活用しよう

チートデーに関しては前にも解説した通り、食べすぎる日が増えるだけなので、定期的に設定する必要はないという考えです。でも、リフレッシュとしてなら、たまにご褒美があるのはいいかなと思っています。特に、これまでずっとストイックな食事制限をしていたりして、ダイエットを数ヶ月やり続けて痩せましたという人には、逆にチートデーをおすすめしています。〝食べないで痩せる〟は、ある意味普通のことだし、それしか知らないのは逆に危険。太ってきたらまた食事制限すればいいという思考になってしまうので、〝食べて痩せる〟という経験は、しておいたほうがいいと思います。ケースバイケースにはなりますが、ダイエット生活のハリになるなら、ご褒美は取り入れてもいいでしょう。食べて心からおいしいと思えた経験は、ダイエットのモチベーションを保つのに効果的だと思います。

〝食べても痩せた〟
経験を積む

片倉

自分で自分をコントロールする力を身につける

「食べても痩せる」という経験を積むことはとても大事です。こういう経験をしておかないと、痩せた後に太るのが怖くて食事を増やせなくなるんですよね。そしてそのストレスからリバウンドしてしまう。ダイエットは「ただ食べなければいい」というわけではありません。自分にとって適切なスピード感を探ることが先決。食べる量をどれくらい抑えると苦しさを感じずに痩せられるのか。そのちょうどいい塩梅を探り、身につけないと、せっかくうまく痩せたとしてもリバウンドしてしまうんです。

自分で自分をコントロールする力がつくと、スムーズに痩せていくと思います。「食べない」というその一択しかないと、同じ方法や環境じゃないと痩せづらくなってしまう。なるべく応用がきくように、「食べても痩せる」など、自分が痩せる経験を豊富に積んでおくのがいいと思います。

よく考えたら
問題ない

片倉

トータルで考えること！

YouTubeの動画でもたびたびお話ししていますが、僕の中でもっとも大事にしているダイエットの考え方です。1回の食事ではなく、1日の摂取カロリーを計算して、トータルで考えるようにすること。たとえば、夜に会食が入ってちょっと食べすぎたとしても、日中にカロリーを抑えていたら問題ありません。もしくは、その日の摂取カロリーがオーバー気味であっても、翌日にまたダイエットメニューに戻せばOK。日頃から自分が摂るべき摂取カロリーを守っていれば、1日サボったとしてもそこまで急激に太ることはないと思います。毎食すべて気にしていると、食事の楽しみも減ってしまいます。「明日からまたがんばればいい」という切り替えをして、それを実行すれば問題ありません。トータルで考えるマインドを持つようにすることが大切です。

大切なのは
痩せた後”

片倉

人生を楽しむプランを練ろう

ダイエットを実践して目標体重を達成したら、それで終わり。そういうふうにダイエットを終了してしまう人は多いと思うんです。でも、目標体重に達したとしても、人生は続いていきます。自分の理想の体形に近づけたのなら、その後の日々をどのように生活していくのかを考えないと、もったいないですよね。「痩せたら、サイズアウトして着られなくなっていたお気に入りの服を、もう一度着てみよう」「体重が軽くなったから、挑戦したかったスポーツを始めてみよう」など、いろんな世界が広がるはずです。ボディビルダーやアスリートではないなら、生活のすべてをダイエットに充てる必要はありません。人生を充実させることを第一優先にしながら、ダイエット成功後のプランを考える。そして、つらくならない程度に自分に合うダイエットを継続していけたら、ベストですね。

季節別痩せテク

-夏編-

夏の散歩は早朝もしくは夜に切り替える!

夏でもぜひ継続してほしい散歩。でも、ここ数年は猛暑で、外出すること自体が危険だったりします。そこで、早朝や夜の時間帯に散歩をするようにしましょう。気温が高い日中の時間帯は、避けたほうが安全です。

タンパク質をしっかりチャージする

夏は食欲が落ち、タンパク質を含む肉や魚なども摂りづらくなったりします。そこで、サプリメントやプロテインドリンクなどを活用しましょう。効率的にタンパク質を補給できるので、食品で摂りきれないときに便利です。

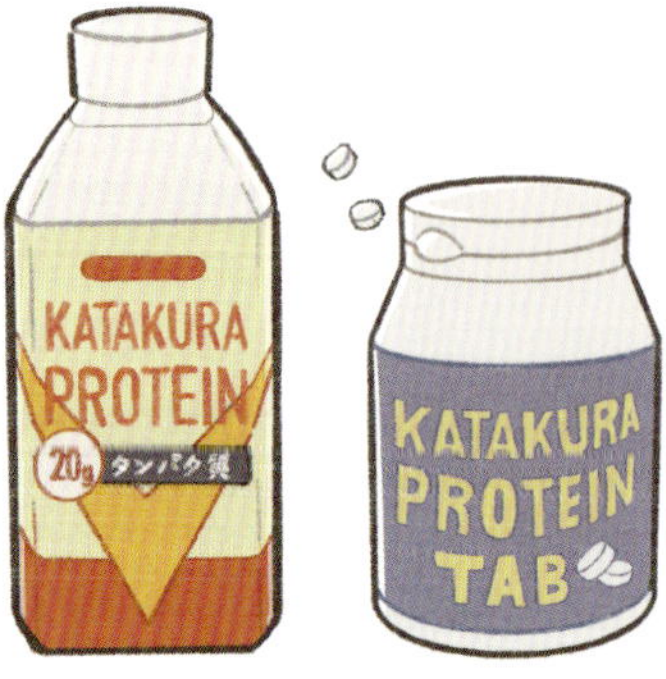

YouTubeでもおなじみ！

「問題ないです！」シリーズの人気ランキング

僕のYouTubeチャンネルで
人気を集めている「問題ないです!」シリーズから、
再生回数の多いものを厳選してみました。
ラーメン、アイス、アルコールなど、一見ダイエット向きじゃないものでも、
実は問題ないものが多いんです！

01

RAMEN

ラーメンは…

ラーメンの中でも、たとえば**シンプルな豚骨ラーメンなどは低カロリーなのでおすすめ**です。ダイエット中はラーメンは厳禁と思われがちですが、そんなときは豚骨ラーメン屋に行けば替え玉をしてもOK。また、たとえば二郎系ラーメンであったとしてもかなりお腹にたまるので、結果的に1日の中で他の食事を抑えることになり、トータルで考えると問題ないかなと思います。

問題ないです!

02

ICE CREAM

アイスは…

問題ないです！

カップのアイスは300キロカロリー程度で、**そもそも高カロリーなおやつではありません**。アイスの中でも低カロリーのものやタンパク質が入っているものがあるので、そういうものを率先して選ぶといいでしょう。低カロリーでタンパク質も摂れるアイスなら、毎日食べても問題ありません！

03

ALCOHOL

アルコールは…

問題ないです！

ハイボールなどの**カロリーの低いお酒を飲めば大丈夫**。お酒を飲むと食べすぎてしまうなどのデメリットは確かにありますが、ダイエット中だからといって完全にシャットアウトすると、余計ストレスがたまります。飲みすぎに注意しながら、ゆるやかにダイエットを続けるのがいいと思います。

04

PIZZA

ピザは…

問題ないです！

ピザ＝太ると思っている人は多いと思いますが、まったく問題ないです！ デリバリーピザの大半はピザ生地を選べると思いますが、**パリパリとしたクリスピー系の薄い生地を選べば**、一般的なピザ生地よりカロリーを半分くらいに抑えられるんです。

05

CUP YAKISOBA

カップ焼きそばは…

問題ないです！

カップ焼きそばは栄養成分が明記されているので、**カロリー管理しやすい食品**。特に僕がおすすめしているのは、「完全メシ屋台風焼きそば」。タンパク質が約18gも入っているし、ジャンクなものを食べているという幸福感は何ものにも代えられません。ダイエット向きなのにジャンク欲を満たしてくれる、至高の食品です。

06

KARAAGE

からあげは…

問題ないです！

「揚げ物はやばそう」と思っている人に朗報です。コンビニで買えるようなからあげは、大体200キロカロリー程度だから、**そんなに高カロリーではない**んです。もちろん鶏肉を使っているのでタンパク質も摂ることができるし、食べすぎさえしなければ大丈夫です。

07

THEME PARK

テーマパークは…

全然問題ないです！

遊園地や動物園などの**テーマパークも、敷地が広ければ広いほど注目してほしい**ですね。世界的に人気のネズミのキャラクターがいるテーマパークも例外ではありません。僕もひとりで行ったことがあるのですが、敷地内を歩いてみると5時間程度かかります。移動距離はハーフマラソンに匹敵するレベルで、消費カロリーはものすごいことに。また、ダイエット中に行くとリフレッシュにもなるので、安心して夢の国へ行きましょう。

季節別痩せテク

ー冬編ー

小さめのインナーを選ぶ

本編でも触れましたが、体重やウエストを測定するよりも変化がわかりやすいのが、服。冬は洋服を着込んでしまうので、あえてワンサイズ小さいインナーを選び、それを普通に着られるようになるのを目指してみましょう。

日光を浴びてマインドセット

日が短く寒さの厳しい冬はなんとなく行動が鈍くなり、トレーニングも億劫になりがち。でも、日光を浴びるだけでも気持ちが前向きに変化したりします。朝日を浴びながら筋トレをすると、身も心もすっきりするはず！

太りやすい時期だから無理して痩せようとしない

冬はクリスマスや忘年会、お正月など食べるイベントが目白押し。どうしても痩せづらいんですよね。だから無理に痩せようと思わないことが大事。でも、ダイエットは中断せず、ゆるやかにマイペースに続行しましょう。

最後まで読んでいただき、ありがとうございました。

ダイエットに悩む方にも、普段僕のYouTubeをご覧になっている方にも、そして「表紙のこの男性、何者かしら」と興味を持っていただいた方にも、この本が少しでも役立ったり、新しい気づきをもたらせたりしていたら嬉しいです。

この本でお伝えした内容は、決して特別な人だけができる魔法の方法ではありません。

ちょっと視点を変え、行動を続けることで誰にでも取り入れられるヒントばかりです。

おわりに

失敗しても、落ち込んでも、また明日からやり直せばいい。
そんな小さな積み重ねが、あなたを大きく変えていくと思います。

最後になりましたが、本書の執筆を支えてくださった編集者の皆さま、日々励ましてくれる所属事務所のマネージャーさん、そして僕の活動を応援してくださるすべての方々に、心より感謝申し上げます。皆さまのお力がなければ、この本が世に出ることはなかったでしょう。

これからもダイエットに関する情報をお届けし、少しでも多くの方のお役に立てるようがんばっていきたいと思います。
引き続き、どうぞよろしくお願いいたします。

皆さんは僕の心のプロテイン。

片倉岳人

片倉岳人 KATAKURA GAKUTO

パーソナルトレーナー。YouTubeチャンネル「ダイエットの知恵袋」を運営。BitStar Production所属。スポーツ系の大学を卒業後は、スポーツとは関係のない繊維系の商社へ。退社後、何気なく始めたジムでのアルバイトの仕事をきっかけに、パーソナルトレーナーの資格を取得。YouTubeでのたとえ話を駆使したポジティブな発信で、「ダイエットだけでなく、日々の生活のモチベーションが上がった！」と大人気。「片倉式ダイエットは心のプロテイン」と称される。

YouTube　@gakutoktkr
Instagram　@gakuto_k
X　@gakutoktkr
TikTok　@gakutoktkr

結局《けっきょく》これが一番《いちばん》やせる！
努力《どりょく》0.1%ダイエット

2025年4月28日　初版発行

著者　片倉《かたくら》 岳人《がくと》
発行者　山下 直久
発行　株式会社KADOKAWA
〒102-8177　東京都千代田区富士見2-13-3
電話　0570-002-301(ナビダイヤル)
印刷所　TOPPANクロレ株式会社
製本所　TOPPANクロレ株式会社

ISBN 978-4-04-607399-0 C0077